W0225556

Ute Staudacher

Häkeln

mit Lissi und Lukas

OZ creativ

Über dieses Buch

Mit diesem Buch möchten Lissi, Lukas und ich dich für das Häkeln begeistern. Und das werden wir bestimmt schaffen. Denn Häkeln ist eine ganz großartige Sache! Du brauchst nur eine Häkelnadel und etwas buntes Garn.

Ich erinnere mich noch genau, wie glücklich ich war, als ich als Kind mein erstes Häkelstück fertig in Händen hielt. Es war ein gestreifter Flötenbeutel, den ich noch heute habe. Und dann habe ich gesehen, dass meine Tochter sich über ihr erstes eigenes gehäkeltes Netz genauso gefreut hat. Da wollte ich diese tolle Sache noch viel mehr Kindern beibringen. Und ich hatte Glück: Lissi und Lukas haben mir sogar geholfen. Auch wenn Lukas manchmal das eine oder andere Knäuel ganz schön durcheinandergewirbelt hat.

Mit dem Buch kannst du das Häkeln von Anfang an lernen. Auch wenn du noch nie eine Häkelnadel in der Hand hattest, wird es dir damit schnell gelingen. Viele tolle Zeichnungen, Fotos und genaue Erklärungen zeigen dir, was du mit deinen Händen und der Nadel machen musst.

Und bestimmt wirst auch du über das ganze Gesicht strahlen und sehr stolz auf dich sein, wenn du dein erstes Häkelstück in Händen hältst. Schade, dass ich es nicht sehen kann.

Jetzt schau noch schnell die ersten Seiten über die Materialien und die „Was du beachten musst!“ - Seite hinten im Buch an. Dann kann es losgehen!

Ich wünsche dir viel Spaß beim Häkeln und beim Ausprobieren neuer Ideen.

Deine

Ute Staudacher

Vielen Dank auch an meine Mutter und an meine Tochter Linda, die mir auf Ihre Art gezeigt haben, wie viel Spaß es macht zu häkeln, und die immer gute Ideen für dieses Buch hatten.

Inhaltsverzeichnis

Häkelgarn und Nadeln

Du hast ganz viele Häkelgarne zur Auswahl, in den verschiedensten Farben, Stärken und aus ganz unterschiedlichen Materialien.

Mitteldickes Baumwollgarn mit Farbverlauf (Multicolorgarn); damit entsteht beim Häkeln von ganz alleine ein Muster aus verschiedenen Farben, für Nadelstärke 3,5 – 4,5

Mitteldickes Baumwollgarn in einer Farbe (einfarbig wird „uni" genannt), für Nadelstärke 3,5 – 4,5

Bunte Häkelnadeln aus Kunststoff

In der Mitte der Häkelnadeln steht meistens die Nadelstärke.

Häkelnadeln aus mattem oder glänzendem Metall

Mitteldickes Effektgarn; beim Häkeln entsteht ein interessantes Muster

Beleuchtete Häkelnadel – zum Häkeln im Dunkeln

Dicke Schafschurwolle für dicke Häkelnadeln der Stärke 7 – 8

Effektgarn mit glitzerndem Faden (Metalliceffekt) für Nadelstärke 3 – 4

Um das Knäuel ist ein Papierstreifen. Der heißt Banderole. Dort findest du richtig interessante Infos zu deiner Wolle: zum Beispiel aus welchem Material sie ist. Und eine ganz tolle Hilfe ist die gezeichnete kleine Häkelnadel mit einer Zahlenangabe. Die Zahl ist genau die Nadelstärke, mit der du dieses Garn am besten häkeln kannst.

Noch mehr Material

Bei manchen Modellen brauchst du noch einige andere Werkzeuge oder Materialien, damit du die Teile zusammennähen, verzieren oder ausstopfen kannst.

Tolles Türschild

Jetzt geht es los: Du lernst, eine Luftmaschenkette zu häkeln. Dies ist immer der Anfang für alle Häkelstücke und wird Luftmaschenanschlag oder Anschlag genannt.

Das brauchst du

Für die Luftmaschenkette: einen Rest mitteldickes Garn in einer schönen Farbe und eine passende Häkelnadel (am besten eine mitteldicke Häkelnadel Nr. 4 bis 5).

Für das Türschild: ein Stück Pappe, auf das dein Name passt, ein Stück Bastelfilz, das etwas größer ist als die Pappe, einen wasserlöslichen Markierstift, Alleskleber, eine dicke Sticknadel mit Spitze oder eine kleine, spitze Schere.

Für die kleinen Motive: Filzreste, eine Schere, ein paar Stecknadeln, ein Stück Transparentpapier (oder dünnes, weißes Papier) und eventuell Filzstifte, kleine Perlen, Garnreste.

So machst du das Türschild

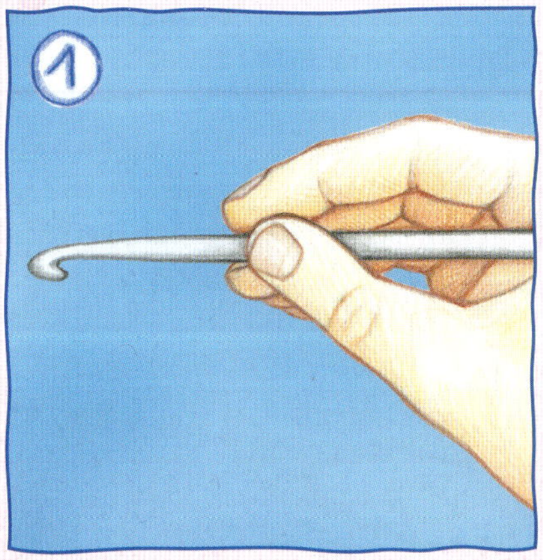

1. Nimm die Nadel in die Hand. Du kannst sie auf zwei Arten halten: Entweder kannst du sie wie einen Stift zwischen deine Finger nehmen …

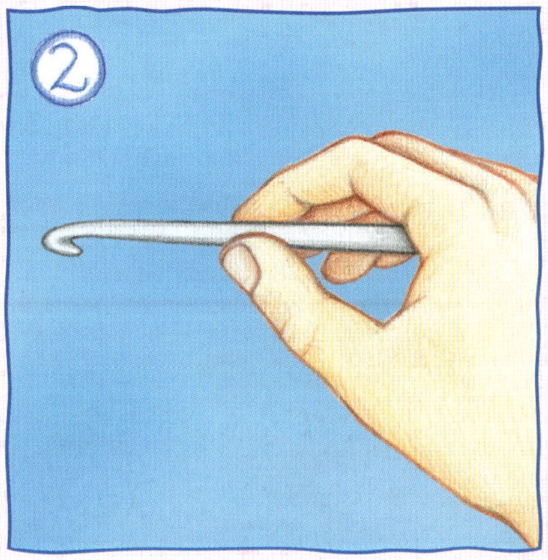

2. … oder du greifst mit deinen Fingern etwas weiter um die Nadel, als würdest du einen kleinen Hammer halten. Probier beide Arten aus und schau, wie es für dich am besten geht.

Mit Luftmaschenketten kann man ganz prima schreiben.

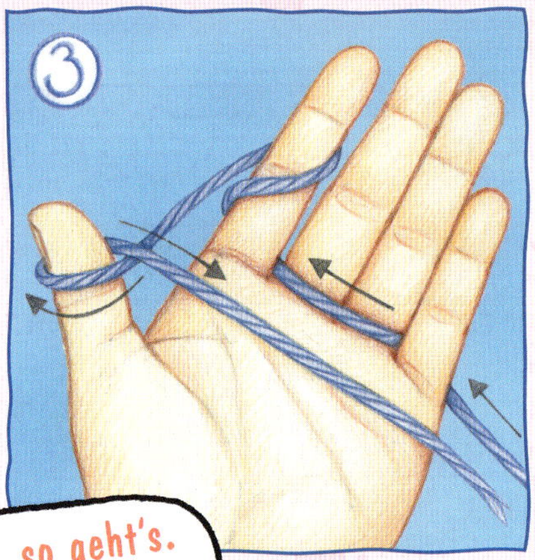

3. Leg den Faden so in die Hand, wie es auf dem Bild zu sehen ist. Führe dazu den Faden hinter dem kleinen Finger entlang, dann vor dem Ring- und Mittelfinger und leg eine Schlaufe um den Zeigefinger. Von hier geht der Weg des Fadens vor den Daumen, um den du auch eine Schlaufe legst. Das Fadenende lässt du über der Handinnenfläche herunterhängen.

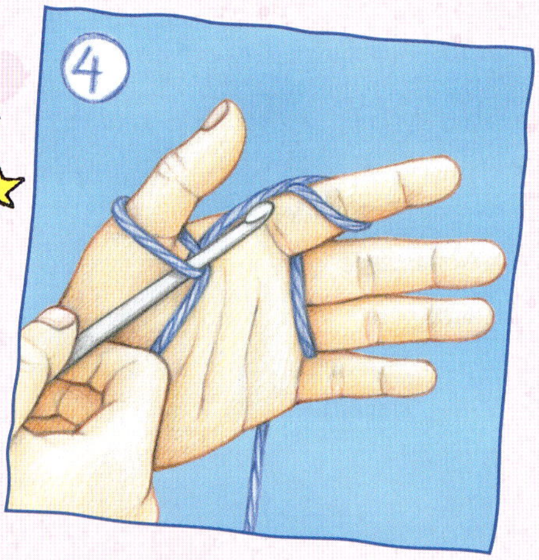

4. Schiebe jetzt mit deiner anderen Hand die Häkelnadel von unten durch die Daumenschlinge. Dreh die Nadel bis der Haken den Faden, der vom Zeigefinger kommt, gut greifen kann.

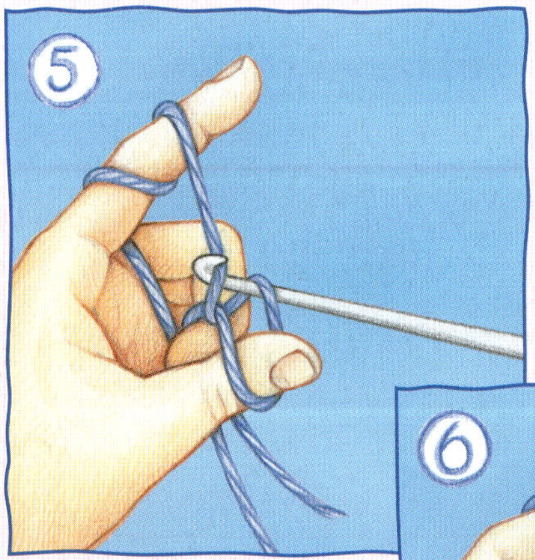

5. Zeigefinger und Daumen bleiben oben, die drei anderen Finger formst du zu einer leichten Faust. Jetzt ziehst du mit der Nadel den Faden durch die Daumenschlinge. Dabei lässt du deinen Daumen aus der Schlinge rutschen.

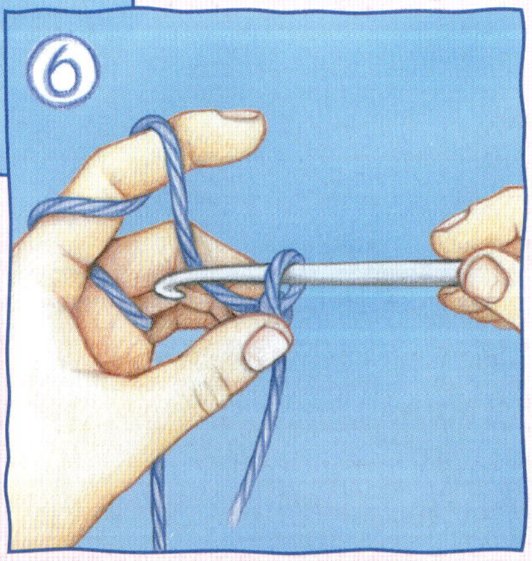

6. Nun hast du deine erste Häkelschlinge auf der Nadel. Zieh etwas, bis die Schlinge locker auf der Nadel sitzt.

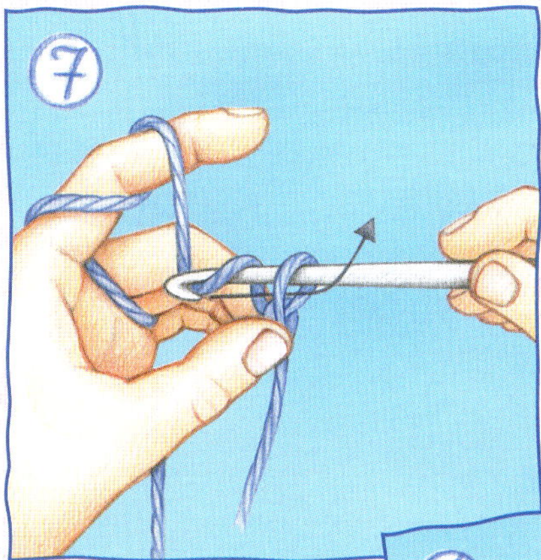

7. Schon kommt die nächste Luftmasche. Halte die erste Schlinge unterhalb der Nadel fest. Geh mit der Nadel von vorne nach hinten unter dem Faden durch, sodass er sich um die Nadel legt. Greif den Faden wieder mit dem Haken.

8. Zieh jetzt die Nadel mit dem darum liegenden Faden durch die Schlinge auf der Nadel. Falls die Luftmasche noch zu groß ist, ziehst du sie etwas zusammen.

9. So häkelst du jetzt eine Luftmasche nach der anderen. Du holst immer wieder wie bei Schritt 7 und 8 beschrieben den Faden durch die Schlinge. Vergiss nicht, dabei immer die Maschen unterhalb der Nadel festzuhalten. Und jedes Mal, wenn eine Luftmasche fertig ist, ziehst du den Faden etwas an. Gerade so fest, dass alle Maschen gleich groß werden. So häkelst du weiter, bis du eine schöne lange Luftmaschenkette hast. Beende die Luftmaschenkette noch nicht.

10. Für das Namensschild muss die Luftmaschenkette so lang werden, dass du damit deinen Namen auf das Schild legen kannst. Daher bereitest du jetzt das Schild mit dem Namen vor. Leg das Pappschild in der Mitte auf den Filz und zeichne mit dem Markierstift die Kanten nach. Deinen Namen schreibst du dann in die Mitte dieses Rechtecks auf den Filz. Jetzt kannst du immer wieder die Luftmaschenkette auf den Namen legen und sehen, ob sie schon lang genug ist. Wenn sie fertig ist, schneidest du den Faden etwas länger ab, ziehst das Fadenende durch die letzte Masche und dann ganz fest an. (Ganz genau ist das auf Seite 60 beschrieben.)

11. Zuerst klebst du den Bastelfilz auf dein Pappschild und dann die überstehenden Ränder auf die Rückseite. Falls dein Name zum Beispiel mit einem „A" anfängt oder mit einem „T", häkelst du für die Querstriche in den Buchstaben auch noch kurze Luftmaschenketten. Dann fährst du die ersten Buchstaben vorsichtig mit einem Alleskleber nach.

12. Jetzt legst du die Luftmaschenkette auf die Buchstaben und drückst sie gut an. So machst du weiter, bis der ganze Name mit der Luftmaschenkette beklebt ist. Am Anfang und am Ende der Luftmaschenkette muss entweder mit einer spitzen Sticknadel oder mit einer spitzen Schere ein kleines Loch durch Filz und Pappe gestochen werden. Vielleicht kann dir dabei ein Erwachsener helfen. Durch dieses Loch ziehst du mit einer Nadel Anfangs- und Endfaden der Luftmaschenkette auf die Rückseite und klebst die Enden dort fest.

13. Damit dein Türschild besonders schön wird, kannst du noch Motive aus Filz ausschneiden und aufkleben. Dazu legst du ein Transparentpapier oder ein dünnes Papier auf die Vorlage und zeichnest die Linien, die durchscheinen, ab. Die Haizähne und das Hundeohr zeichnest du extra auf. Schneide die Formen aus und steck sie jeweils auf ein Stück Bastelfilz.

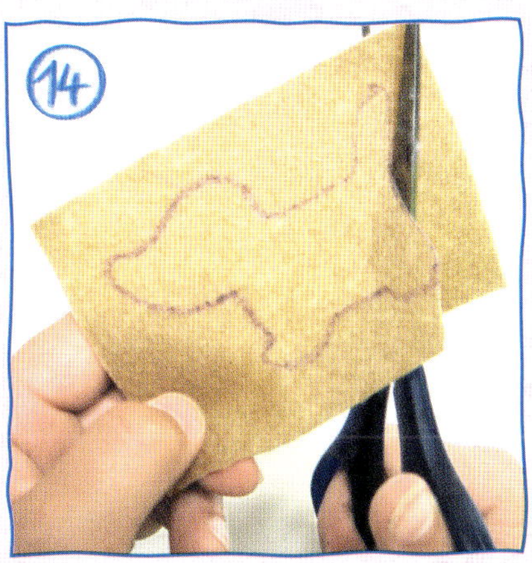

14. Nun ummalst du die Figuren mit einem Stift und schneidest sie aus. Dann kannst du die Filzfiguren auf dein Schild kleben. Damit man beim Hund das Ohr besser erkennen kann, habe ich zusätzlich ein Stück Filz in einer anderen Farbe unter das Ohr geklebt. Mit kleinen Knöpfen, Perlen, Filzstiften und Garnresten kannst du dein Motiv noch weiter verzieren. Wenn du möchtest, kannst du noch eine Luftmaschenkette als Aufhänger am Schild anbringen: Häkle dazu eine weitere Luftmaschenkette. Durch zwei Löcher in den oberen Ecken des Schilds werden wieder Anfangs- und Endfaden gezogen und auf der Rückseite festgeklebt. Schon ist dein Türschild fertig.

Glücksarmbänder

Nun lernst du, wie du mit mehreren Fäden gleichzeitig häkeln kannst. Nimm mehrere deiner Lieblingsfarben, schöne Perlen und bastel dazu noch kleine Filzanhänger.

Das brauchst du

Für die Armbänder: einige Reste verschiedenfarbiges und eventuell auch unterschiedlich dickes Garn. Je dicker dein Armband werden soll, umso mehr oder umso dickere Fäden musst du miteinander verhäkeln.
Nimm eine dickere Häkelnadel, da du ja mehrere Fäden gleichzeitig bearbeitest. (Je nachdem, wie dick alle deine Fäden zusammen sind, eine Häkelnadel zwischen Nr. 4 und Nr. 6.)
Für das Armband mit den eingehäkelten Perlen: bunte Holzperlen, eine Sticknadel, durch deren Öffnung (Nadelöhr) der dünnste der Häkelfäden passt und die du durch die Löcher in den Holzperlen fädeln kannst.
Für das Armband mit dem Herzanhänger: eine Perle, ein Stück Transparentpapier (oder dünnes, weißes Papier), ein kleines Stück Pappe, 2 verschiedenfarbige kleine Stücke Bastelfilz, Sticknadel und etwas Stickgarn oder ganz dünnes Häkelgarn, Schere, Stecknadeln, Stift.

So machst du das Armband mit den Perlen

1. Such dir 3 bis 4 schöne Garnreste aus. Fädle den dünnsten Faden durch die Sticknadel. Nun schiebst du gleich alle bunten Holzperlen, die später in deinem Armband sein sollen, über die Nadel auf den Häkelfaden. Lass die Perlen auf dem Faden ein Stück nach unten rutschen. So kannst du die ersten Luftmaschen ohne Perlen häkeln.

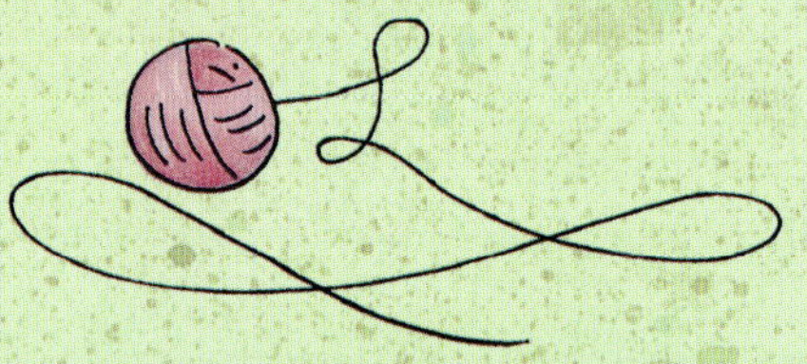

Die Glücksarmbänder sind auch ein tolles Geschenk für deine Freunde.

2. Nun nimmst du alle Fäden gleichzeitig und legst sie in deiner Hand genauso zurecht, wie du es vorher bei der Luftmaschenkette mit nur einem Faden getan hast.

3. Arbeite mit allen Fäden die erste Häkelschlinge wie bei der Luftmaschenkette für dein Türschild. Schau dir noch mal die Schritte Nr. 4 – 9 auf den Seiten 10 und 11 an. So häkelst du 4 – 5 Luftmaschen.

4. Schieb jetzt die erste Holzperle mit der linken Hand ganz nah an die Häkelnadel.

5. Jetzt ziehst du den Faden, der oben aus der Perle kommt, zusammen mit den anderen Fäden mit der Nadel durch die Schlinge. Zieh dann die Fäden an, sodass die Perle fest sitzt. Häkle nun immer einige Luftmaschen nur mit den Fäden und dann wieder eine Luftmasche mit einer Perle. Wenn dein Armband lang genug ist, beendest du es mit der letzten Masche, schneidest die Fäden ab und ziehst sie durch die Schlinge. Lass die offenen Fäden am Anfang und am Ende ein Stück stehen, damit du das Armband später an deinem Arm verknoten kannst.
Dein erstes Armband ist fertig!

So machst du das Armband mit Anhänger und Quaste

1. Such dir 5 oder mehr schöne Fäden aus. Dann machst du mit allen gleichzeitig deine Anfangsschlinge. Weißt du noch wie das geht? Sonst schau schnell auf Seite 10 nach. Nun häkelst du so viele Luftmaschen, bis dein Armband lang genug ist. Beende das Armband und lass wieder am Ende und Anfang die Fäden ein Stück stehen.

②

2. Benutz die Herzchenschablonen und schneide dir die beiden Herzen aus verschiedenfarbigen Filzstücken aus. Verwende die Schablonen so, wie es beim Namensschild in Schritt 13 und 14 (Seite 13) gezeigt wird.

③

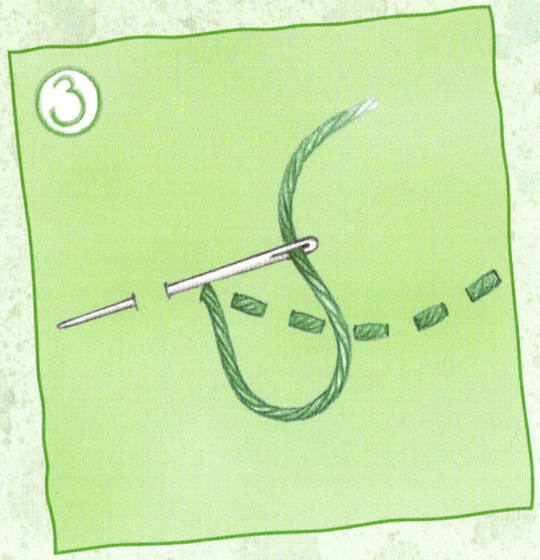

3. Fädle ein Stück Stickgarn in die Nadel ein, binde einen Knoten an das Ende und stich - etwas vom Rand entfernt - von unten nach oben durch das kleine Herz. Zieh vorsichtig an der Nadel, bis der Knoten deinen Faden von der anderen Seite hält. Leg das kleinere Herz auf das größere und steck es mit einer Stecknadel fest. Stich nun durch beide Herzen durch und stick die Herzen mit dem sogenannten Vorstich aufeinander. Dieser Stich ist sehr einfach und sieht hübsch aus. Wie er gestickt wird, siehst du auf der Zeichnung. Zum Schluss vernähst du den Faden mit kleinen Stichen, wie es auf Seite 61 beschrieben wird.

④

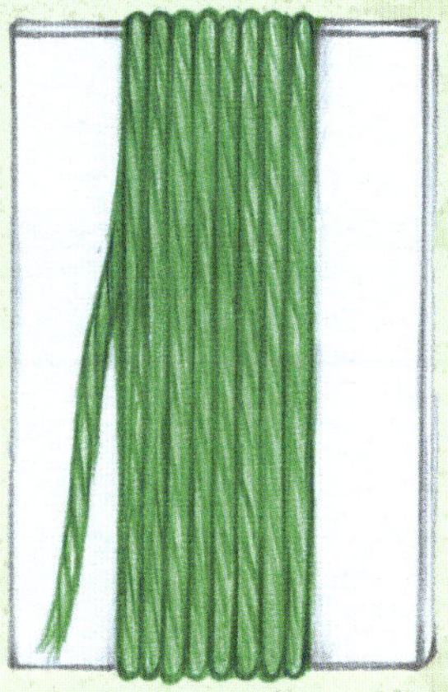

a

4. Nun machst du eine kleine bunte Quaste für den Anhänger.

a) Nimm ein kleines Stück Pappe, das so lang ist, wie deine Quaste werden soll. Dann wickelst du die bunten Fäden, die du auch zum Häkeln verwendet hast, einige Male um die Pappe.

b) Fädle Stickgarn in die Nadel und schieb die Nadel oben an der Pappe unter den Fäden durch. Den Faden verknotest du ganz fest, am besten doppelt. Anschließend ziehst du die Schlaufen von der Pappe.

c) Jetzt wickelst du ein neues Stück Stickgarn unterhalb des 1. Fadens um die Schlaufen. Auch diesen Faden verknotest du ganz fest.

d) Schneide die Quaste unten schön gerade ab.

Nun fädelst du noch mal Stickgarn ein und stichst damit durch die Mitte der Quaste. Damit der Faden hält, nähst du ein paar Mal durch den „Kopf“ der Quaste. Dann führst du die Nadel durch die Perle und stichst in die Herzspitze ein, bis die Nadel oben aus dem Herz wieder herausschaut. Näh jetzt den ganzen Anhänger in der Mitte deines Armbandes mit einigen Stichen fest. Vernäh den Faden und schneide ihn ab.

Du siehst, wie unterschiedlich die Armbänder werden. Lass deiner Fantasie freien Lauf und mix deine Lieblingsfarben mit neuen Anhängern, Perlen und Quasten.

Zopfgummi-Blüten

Jetzt lernst du, hübsche Blüten für deine Zopfgummis zu häkeln. Dazu werden die Luftmaschenketten zu einer Blütenform verbunden.

Das brauchst du

Für das Zopfgummi mit der einfachen Blüte: einen Rest mitteldickes bis dickes Baumwollgarn (mit einem Multicolorgarn wird die Blüte schön bunt), eine passende Häkelnadel zwischen Nr. 3,5 und 4, eine bunte Holzperle, ein farbiges Zopfgummi und eine Sticknadel mit Spitze.
Für das Zopfgummi mit der doppelten Blüte: du brauchst die gleichen Materialien wie oben, aber dazu noch einen Rest dünneres Baumwollgarn – oder Stickgarn.

So machst du das Zopfgummi mit der einfachen Blüte

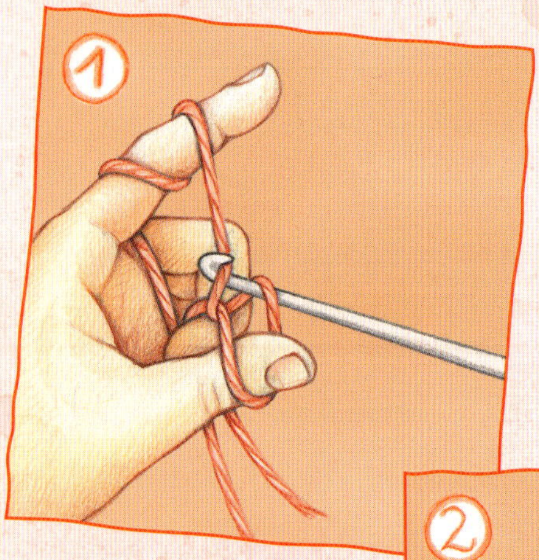

1. Nimm dein Garn und die passende Häkelnadel. Dann startest du wieder mit der ersten Luftmasche. Leg den Faden in der Hand zurecht und zieh die erste Schlinge mit der Häkelnadel durch. Wie der Faden genau um die Hand gelegt wird, kannst du dir noch einmal auf Seite 10 ansehen.

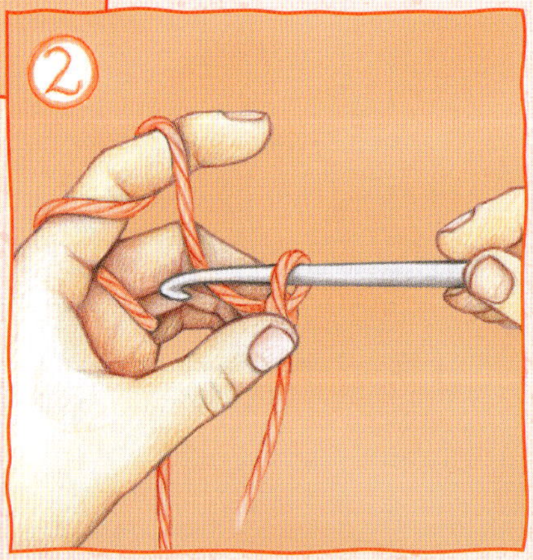

2. Du hast jetzt die erste Schlinge auf der Nadel und ziehst den Faden wieder durch diese Schlinge durch.

Du kannst die Blüten natürlich auch an dein Mäppchen oder auf eine Tasche nähen.

3. Häkle so weiter, bis du eine Luftmaschenkette mit 5 Luftmaschen hast.

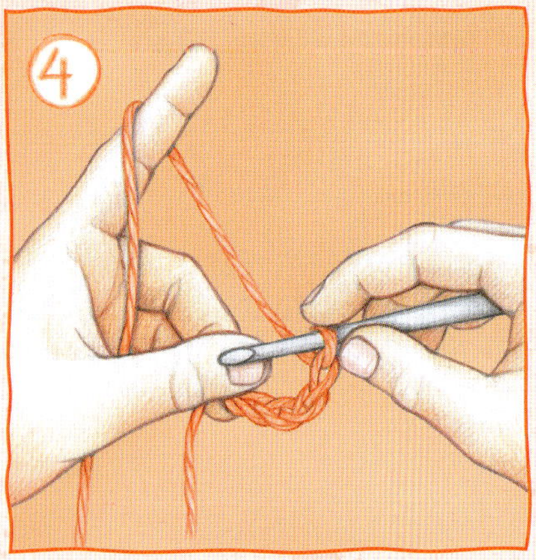

4. Nimm das Ende der Luftmaschenkette mit deiner linken Hand und halte es neben die Häkelnadelspitze. Die Luftmaschenschlange wird so zu einem Kreis geformt.

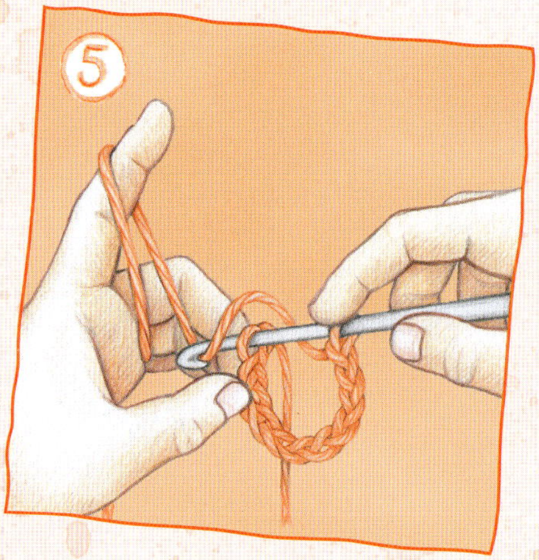

5. Jetzt häkelst du die Luftmaschenkette mit einer Kettmasche zusammen. Dadurch entsteht der Ring in der Mitte der Blüte. Du stichst mit der Häkelnadel durch die 1. Luftmasche der Kette…

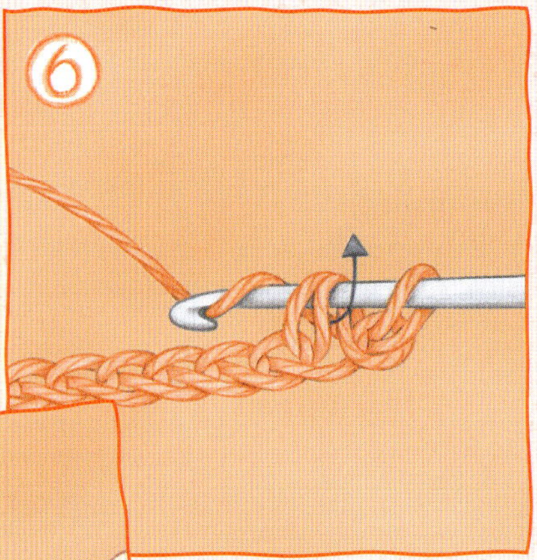

6. …und ziehst den Faden durch die Luftmasche und die Schlinge auf der Nadel. Auf dem Bild siehst du, wie eine Kettmasche gehäkelt wird. Anschließend bleibt auf der Nadel eine Schlinge übrig.

7. Jetzt häkelst du von dieser Schlinge aus wieder eine Luftmaschenkette, dieses Mal mit 10 Luftmaschen. So entsteht das erste Blütenblatt.

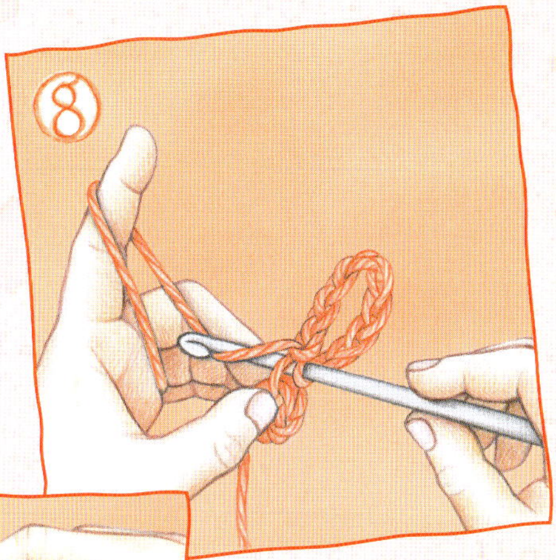

8. Nun befestigst du dein Blütenblatt am Luftmaschenring. Dazu stichst du mit der Häkelnadel in die Maschenschlinge direkt neben dem Anfang deiner Blütenblattkette und häkelst wieder eine Kettmasche. Zieh dazu den Faden durch beide Schlingen auf der Nadel.

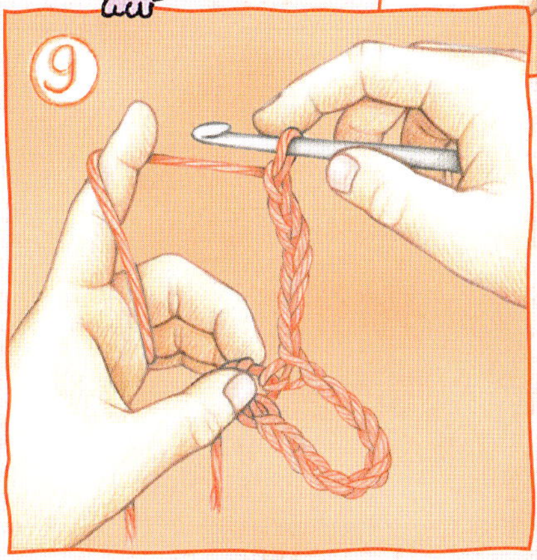

9. Das erste Blütenblatt ist fest. Nun häkelst du wieder 10 Luftmaschen und befestigst diese Luftmaschenschlange genauso wie das erste Blütenblatt. Du häkelst dazu also wieder eine Kettmasche durch die nächste Schlinge im Ring und die 10. Luftmasche. Häkle so noch 3 weitere Blütenblätter. Danach schneidest du die Häkelfäden so ab, dass noch ein Stück stehen bleibt. Damit kannst du das Gummi und die Perle annähen.

10. Mit dem einen Fadenende nähst du die Blüte mit einigen Stichen auf ein buntes Zopfgummi. In der Mitte der Blüte nähst du mit dem anderen Fadenende durch die Holzperle und befestigst sie mit ein paar Stichen an der Blüte und am Zopfgummi. Dann verknotest du die Fadenenden ganz fest miteinander und schneidest sie ab.

So machst du das Zopfgummi mit der doppelten Blüte

Für die doppelte Blüte häkelst du eine große Blüte mit zwei Fäden gleichzeitig: mit dem farbigen Garn und einem dünneren Faden (wie du es schon bei den Armbändern gemacht hast). Dann häkelst du nur aus dem dünnen Garn eine zweite Blüte. Beide Blüten werden aufeinander und die Perle in der Mitte angenäht. Die ganze Blüte nähst du dann am Haargummi fest. Die Fadenenden verknotest du wieder und schneidest die Enden ab.

Kleine Freunde

So, jetzt wird es spannend. Die festen Maschen kommen. Damit kann man große Stücke häkeln. Los geht es mit gehäkelten Bändern, aus denen kleine Tiere werden.

Das brauchst du für Sally, das Schweinchen

Mitteldickes Baumwollgarn in Rosa oder ein Multicolorgarn in Rosatönen, eine passende Häkelnadel (Nr.4 oder 4,5), ein Stückchen pinkfarbenen und einen kleinen Rest weißen Filz, etwas hellbraunes und weißes Stickgarn, Sticknadel, Nähnadel und rosafarbenes Nähgarn. Zum Übertragen der Schablonen für Ohren, Rüsselchen und Augen: ein Stück Transparentpapier (oder dünnes, weißes Papier), Stift, Schere und Stecknadeln.

So machst du das Schweinchen

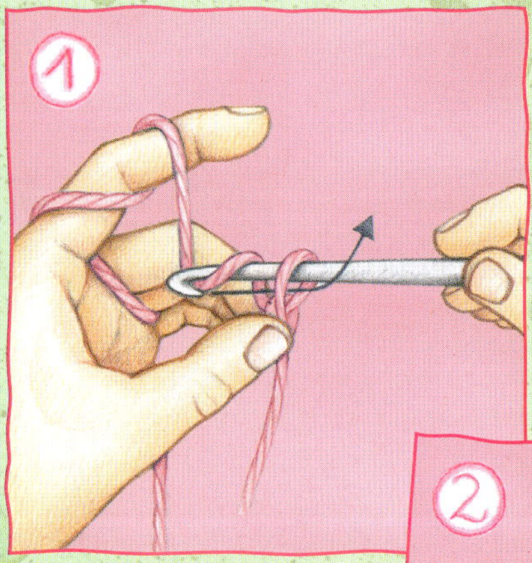

1. Nimm das rosafarbene Garn und deine Häkelnadel und fang wie immer mit dem Luftmaschenanschlag an. Falls du nicht mehr genau weißt, wie das geht, schau noch einmal beim Türschild auf Seite 10 nach.

2. Häkle 11 Luftmaschen. Zieh die Luftmaschen nicht zu fest an, denn für die festen Maschen musst du später in die Luftmaschen einstechen. Das geht leichter, wenn sie etwas lockerer gehäkelt sind.

Welches ist dein Lieblingstier? Vielleicht häkelst du ja auch noch lustige Mäuse und Hunde?

3. Jetzt geht es mit den festen Maschen richtig los. Stich mit der Nadelspitze in die zweite Luftmasche ab der Nadel ein. Zieh den Faden durch diese Masche durch. Schon liegen wieder zwei Schlingen auf deiner Nadel.

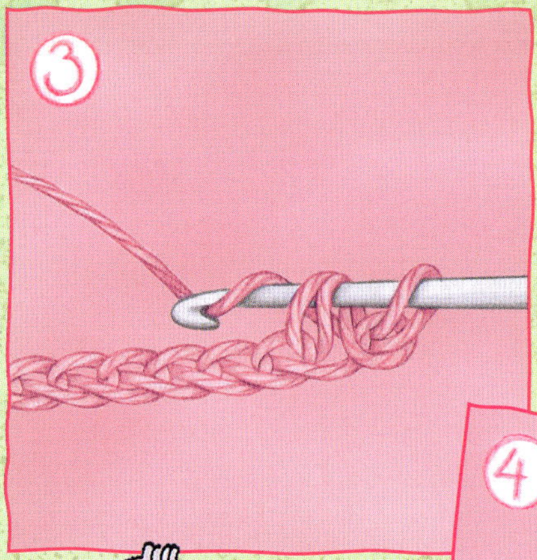

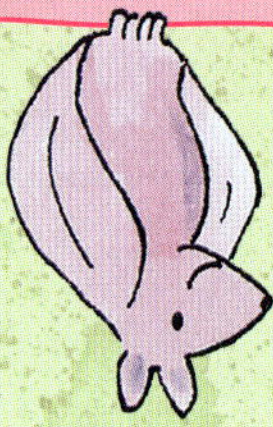

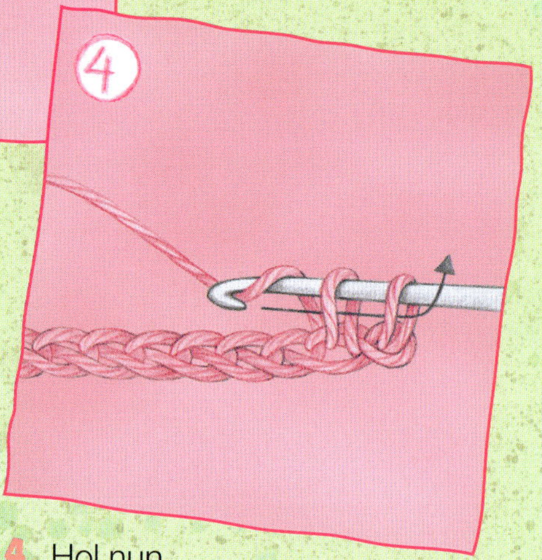

4. Hol nun wieder den Faden und zieh ihn durch beide Schlingen.

5. Auf deiner Nadel liegt nun eine Schlinge und die erste feste Masche ist fertig.
Stich jetzt in die nächste Luftmasche ein, hol wieder eine Schlinge durch und zieh dann wie bei Schritt 4 den Faden wieder durch beide Schlingen.

6. Diese beiden Schritte wiederholst du bis zum Ende der Luftmaschenkette. Nachdem du die letzte feste Masche gehäkelt hast, ist noch eine Schlinge auf deiner Nadel.
Halt die Häkelnadel mit der Schlinge fest und dreh das gehäkelte Stück um. Jetzt bist du am Anfang deiner nächsten Reihe.

7. Als Nächstes häkelst du eine Luftmasche. Das ist die sogenannte Wendeluftmasche, damit die Kante gerade wird. Häkelst du etwas mit mehreren Reihen fester Maschen, fängt jede neue Reihe mit einer Wendeluftmasche an. Auf dem Bild siehst du noch einmal, wie eine Luftmasche gehäkelt wird.

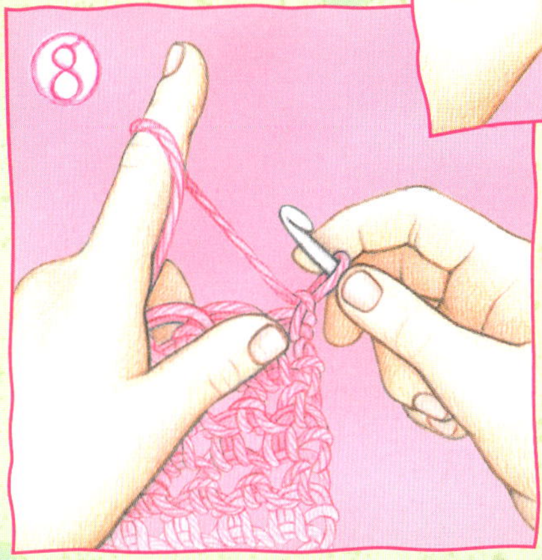

8. Jetzt stichst du in die erste Maschenschlinge der Reihe ein und häkelst eine feste Masche. Dann häkelst du bis zum Ende der Reihe weiter und wendest dein Häkelstück wieder. Vergiss die Wendeluftmasche nicht! Und schon geht es mit der nächsten Reihe fester Maschen weiter.

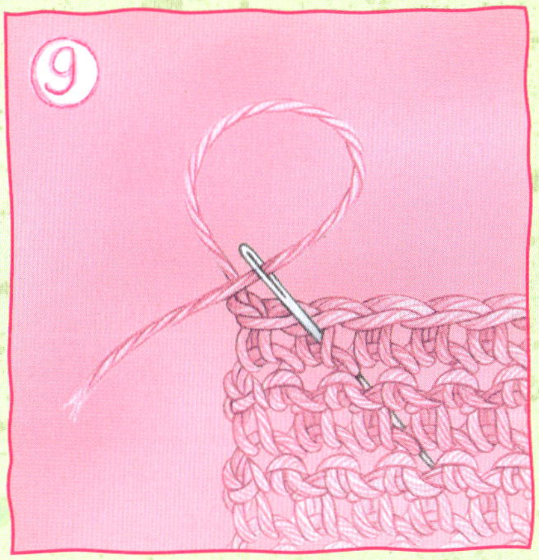

9. Wenn du die Wendeluftmaschen nicht vergisst und Reihe für Reihe feste Maschen häkelst, bekommst du ein ganz gerades Häkelband. Miss das Häkelstück mit dem Maßband ab. Nach ungefähr 60 cm ist das Stück lang genug für den Körper. Wenn du diese Länge erreicht hast, beendest du das Stück. Schneid den Faden so ab, dass noch etwa 20 cm überstehen. Jetzt ziehst du diesen Faden durch die letzte Schlinge und vernähst Anfangs- und Endfaden.

10. Jetzt fehlt noch das Häkelstück für den Schweinchenkopf. Das wird etwas dünner und etwas kürzer. Häkle aus dem rosafarbenen Garn wieder eine Luftmaschenkette, diesmal aus 7 Luftmaschen.

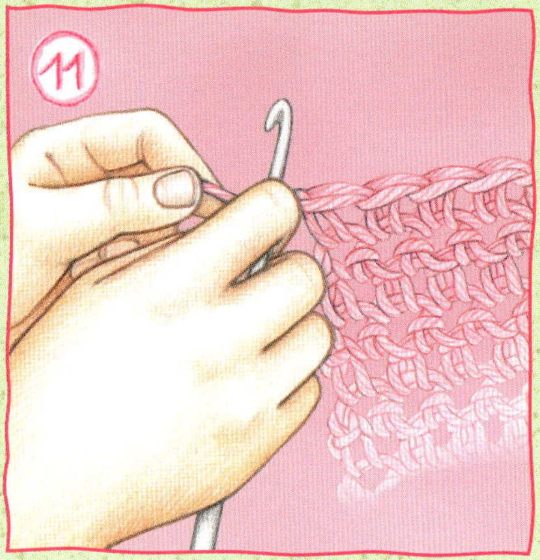

11. Jetzt stichst du wieder in die zweite Maschenschlinge der Kette ein und häkelst reihenweise feste Maschen. Denk an die Wendeluftmaschen und häkle so viele Reihen bis das Band ungefähr 30 cm lang ist. Dann beendest du es wie in Schritt 9 beschrieben.

12. Für das kleine Ringelschwänzchen häkelst du eine Luftmaschenkette aus 20 Maschen. In diese Luftmaschen häkelst du eine Reihe Kettmaschen. Stich mit der Nadel in die 2. Masche neben der Nadel und zieh den Faden gleich durch beide Schlingen. Häkle in jede Masche eine Kettmasche, bis die Reihe beendet ist. Schneid dann den Faden ab, zieh ihn durch die letzte Schlinge und fest an.

13. Anschließend wird das Band für den Körper aufgerollt.

14. Nimm eine Nähnadel und näh mit dem rosafarbenen Nähgarn das Bandende mit einigen Stichen an der Rolle fest. Mit einigen großen Stichen durch die ganze Rolle nähst du alles gut zusammen. Zum Schluss vernähst du die Fäden. Das Band für den Kopf wird genauso gerollt und zusammengenäht.

15. Wenn du jetzt die beiden Rollen aufeinandersetzt, sieht es schon fast aus wie ein Schweinchen. Näh den Kopf mit einigen Stichen auf dem Körper fest. An die Rückseite nähst du noch das Ringelschwänzchen. Falls du möchtest, ringelst du es leicht auf und nähst es so fest.

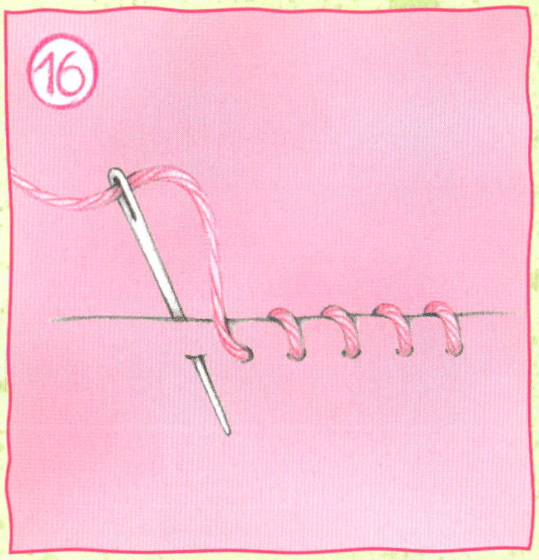

16. Jetzt braucht das Schwein noch ein Gesicht. Schneide dir nach den Vorlagen Schablonen für die Ohren, Augen und den Rüssel. Steck die Augen auf dem weißen, Ohren und Rüssel auf dem pinkfarbenen Filz fest, zeichne die Teile auf und schneide sie aus. (Wie das mit den Schablonen genau geht, steht auf Seite 13.) Näh die Augen, den Rüssel und die Ohren mit Überwendlingsstichen mit geteiltem Stickgarn (also nur mit 3 Fäden, wie auf Seite 61 beschrieben) an. Wie der Stich geht, siehst du auf dem Bild. Für die Punkte auf Augen und Rüssel stickst du mit hellbraunem Garn je zwei bis drei kurze Stiche ganz dicht nebeneinander.

Das brauchst du für Hanna, den Hasen

Mitteldickes Baumwollgarn in Weiß, Garnrest in einer schönen Farbe für den Schal, eine passende Häkelnadel (Nr.4 oder 4,5), etwas dunkelbraunes Stickgarn, Sticknadel, Nähnadel und weißes Nähgarn.

So machst du den Hasen

Häkle und näh den Hasen genauso, wie du es bei Sally gemacht hast, benutz jedoch weißes Häkelgarn. Die süßen Hasenohren häkelst du extra. Schlag dafür 19 Luftmaschen an, häkle 5 Reihen mit festen Maschen und beende das Häkelstück. Falte die Ohren in der Mitte und setz sie dem Hasen auf den Kopf. Dort nähst du sie mit ein paar Stichen an. Das Hasenschwänzchen häkelst du aus 8 Luftmaschen und 3 Reihen fester Maschen. Dann wird es aufgerollt und hinten am Häschen festgenäht. Die Augen und die Nase stickst du mit ein paar Stichen so auf das Gesicht, wie du es auf dem Foto siehst. Benutz dazu geteiltes Stickgarn (also nur 3 Fäden, wie auf Seite 61 beschrieben). Stick die Augen mit Plattstichen und die Nase mit Steppstichen. Die Stiche siehst du auf den Bildern.
Aus dem Garnrest kannst du noch ein schmales Häkelband häkeln und dem Hasen als Schal umbinden.

Das brauchst du für Karlo, den Kater

Mitteldickes Baumwollgarn in Grau, eine passende Häkelnadel (Nr.4 oder 4,5), ein Stückchen schwarzen Filz, etwas schwarzes Stickgarn, Sticknadel, Nähnadel und graues Nähgarn, 2 weiße Holzperlen, etwa 1 cm groß, und 2 kleine schwarze Perlen (Rocailles). Zum Übertragen der Schablonen für Ohren, Nase und Bauchfleck: ein Stück Transparentpapier (oder dünnes, weißes Papier), Stift, Schere und Stecknadeln.

So machst du den Kater

Für Karlo benutzt du graues Häkelgarn. Den Kopf und den Körper machst du wie bei Sally. Für den Schwanz startest du mit 16 Luftmaschen und häkelst eine Reihe fester Maschen. Die Ohren, die Nase und den Fleck auf der Brust schneidest du wie bei Sally aus dem Filz aus und nähst sie mit Überwendlingsstichen an (siehe Seite 29). Auch den Schwanz nähst du hinten am Kater fest. Dann nimmst du zwei weiße Holzperlen und zwei ganz kleine schwarze Perlen. Jetzt vernähst du einen Faden hinten am Kopf, stichst nach vorne, wo das Auge sitzen soll, und durch eine weiße Perle. Dann fädelst du eine schwarze Perle auf. Danach stichst du wieder zurück durch die weiße Perle, sodass die schwarze auf der weißen sitzt, und nähst das ganze Auge fest. Das 2. Auge nähst du genauso an.
Für die Schnurrhaare fädelst du schwarzes Stickgarn in die Nadel und stichst da ein, wo die Schnurrhaare sitzen sollen, an der anderen Seite der Nase stichst du wieder aus. Das Garnende muss in Schnurrhaarlänge überstehen. Dann nähst du einen kleinen Stich und führst die Nadel zurück, dahin, wo du eingestochen hast. Auch hier nähst du einen kleinen Stich und führst die Nadel wieder zur anderen Seite, wo du wieder ausstichst. Schneid das Garn bis auf Schnurrhaarlänge ab und näh noch 2 weitere Schnurrhaarpaare an.

Tipp: Dir fallen bestimmt noch viele süße, witzige oder gefährliche Tiere ein. Lass deiner Fantasie freien Lauf und experimentier mit Farben, Ohren und Augen. So kannst du dir ganz leicht viele kleine Glücksbringer häkeln.

Kleines Ballnetz

Das Netz besteht aus Luftmaschen, Kettmaschen und feste Maschen. Die kannst du jetzt schon alle häkeln.

Das brauchst du

1 Knäuel mitteldickes Baumwollgarn (sehr hübsch wird das Netz mit einem Baumwollgarn mit Streifeneffekt in verschiedenen Farben), eine dazu passende Häkelnadel (ich habe eine mit Nr. 4,5 verwendet). Das war's schon.

So machst du das kleine Netz

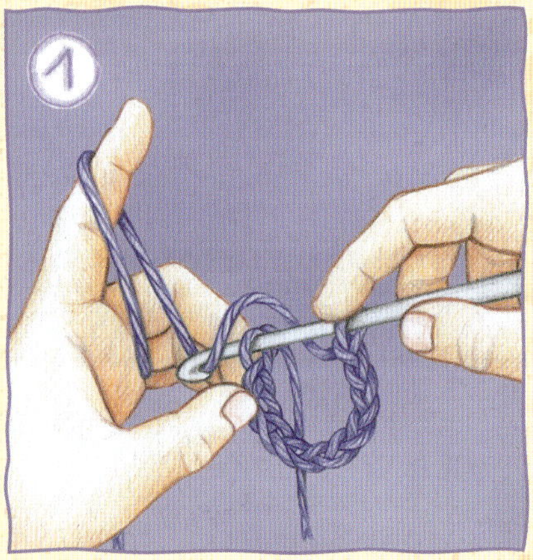

1. Inzwischen bist du ja schon ein echter Luftmaschenkettenprofi. Schlag mit dem Garn 10 Luftmaschen an. Wie das geht, kannst du noch einmal auf Seite 10 nachschlagen.
Führ das Ende der Luftmaschenschlange zur Nadel. Schieb nun die Nadelspitze durch die 1. Luftmasche der Kette. Dann häkelst du hier eine Kettmasche. Dabei ziehst du den Faden durch die Luftmasche und die Schlinge auf der Nadel. So hast du den Luftmaschenring geschlossen.

2. Du hast noch eine Schlinge auf der Nadel. Als nächstes häkelst du eine Luftmasche.
Wenn du etwas Rundes oder Ovales häkelst, häkelst du in Runden und nicht in Reihen. Die erste Häkelrunde besteht aus festen Maschen. Sie werden dieses Mal aber nicht in die einzelnen Luftmaschen gehäkelt, sondern um den Maschenring herum. Schieb die Nadel durch die große Öffnung in der Ringmitte und hol den Faden durch. Dann hast du wie gewohnt zwei Schlingen auf der Nadel.

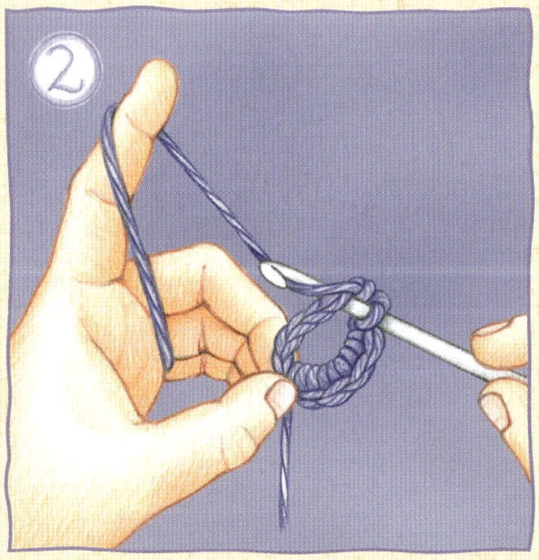

In das Netz passen natürlich nicht nur Bälle,
sondern zum Beispiel auch Wolle, Socken und Dracheneier.

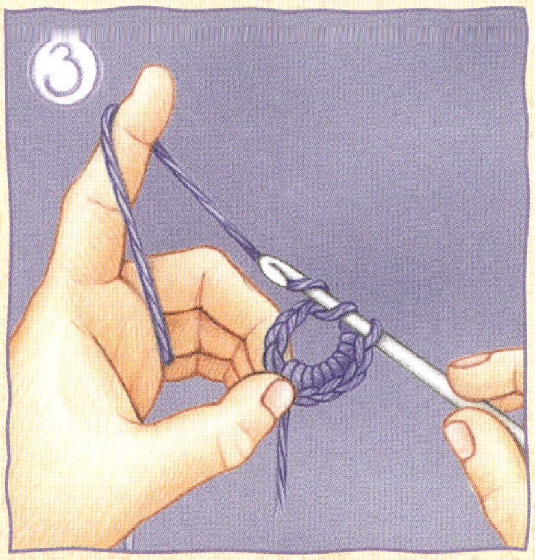

3. Wie bei jeder festen Masche holst du noch einmal den Faden und ziehst ihn durch beide Schlingen auf der Nadel. Wiederhol diese Schritte, feste Masche für feste Masche, bis du 20 feste Maschen in den Ring gehäkelt hast.

4. Schließ deine 1. Runde mit einer Kettmasche. Wie eine Kettmasche gehäkelt wird, siehst du auf dem Bild.

5. Du bist jetzt schon bei der 2. Runde, die aus lauter Luftmaschenbogen besteht. Häkle 5 Luftmaschen. Dann stichst du in die 2. feste Masche neben der Luftmaschenkette und häkelst wieder eine feste Masche, sodass ein Bogen entsteht. Das wiederholst du noch 9-mal. Den letzten, also den 10. Bogen, beendest du mit einer festen Masche in die Kettmasche, mit der du die 1. Runde geschlossen hast. Nun geht es mit der 3. Runde weiter. Stich in die 1. Luftmasche des Bogens neben deiner Nadel ein. Häkle in diese Luftmasche eine Kettmasche. In die nächsten 2 Luftmaschen häkelst du auch je eine Kettmasche, sodass du mit der Häkelnadel in der Mitte des Bogens ankommst.

6. Von hier aus häkelst du nun wieder 5 Luftmaschen. Dann häkelst du eine Kettmasche um den nächsten Bogen, um die Luftmaschen zu befestigen.
So häkelst du Bogen für Bogen weiter, bis deine 3. Runde mit 10 Luftmaschenbogen beendet ist. Häkle dann jede weitere Runde genauso, bis das Netz für dich groß genug ist. Für das Netz, das du auf dem Foto siehst, habe ich noch 11 Runden gehäkelt.

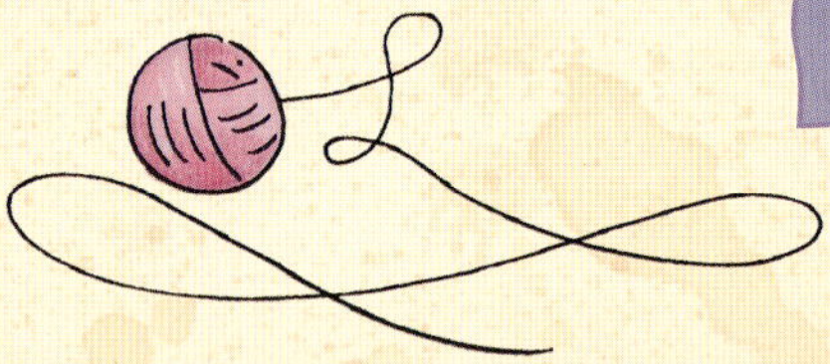

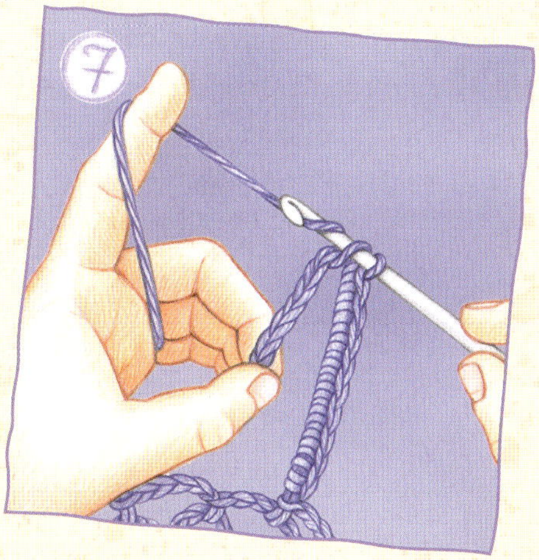

7. An den letzten Bogen häkelst du eine Luftmaschenkette aus 40 Maschen. Das wird dein Henkel. Fahr nun mit der Nadel durch den Luftmaschenbogen, der genau gegenüberliegt. Hier häkelst du den Henkel mit einer Kettmasche fest. Dann umhäkelst du ihn mit festen Maschen. Dafür schiebst du jeweils die Nadel unter dem Henkel durch und holst eine Schlinge. Dann häkelst du die festen Maschen wie gewohnt weiter. Beende die Arbeit, wenn der ganze Henkel fest umhäkelt ist.

8. Jetzt fehlt nur noch die Kordel zum Zuziehen des Netzes. Für die Kordel häkelst du eine Luftmaschenkette von ungefähr 60 cm Länge. Dann fädelst du sie durch den oberen Bogenrand, sodass beide Enden nebeneinander heraushängen. Dein Netz hat nun einen Henkel zum Tragen oder Aufhängen und eine Kordel zum Zuziehen und Zubinden. Ist es nicht ein ganz toller Beutel für deine Bälle geworden?

Tipp: Du kannst auch ganz leicht ein größeres Netz häkeln. Du beginnst einfach mit einer längeren Luftmaschenkette. Dann hast du für deinen Start einen größeren Luftmaschenring und kannst mehr Bogen einhäkeln. Du kannst auch für die Bogen etwas längere Luftmaschenketten häkeln, dann wird dein Netz mit jeder Runde, die du mehr häkelst, noch größer. So kannst du dir Netze in allen Größen und Farben machen.

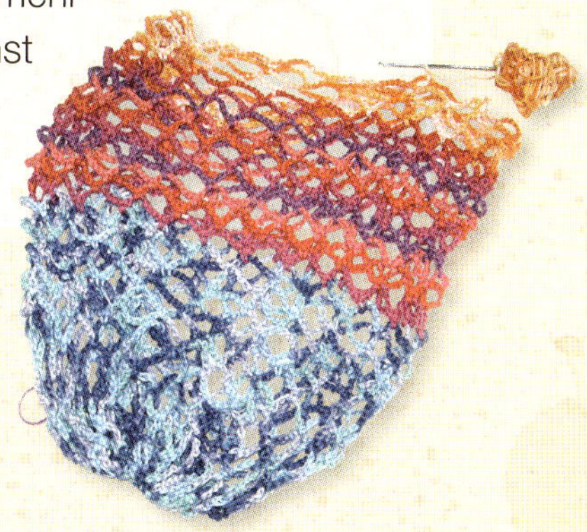

Tolle Topflappen

Die kannst du bestimmt gut gebrauchen – ob zum Kochen und Backen in der echten Küche oder zum Spielen.

Das brauchst du für die Topflappen

Ein Knäuel Baumwollgarn für Nadelstärke 4 – 4,5 in Blau und einen Rest in Lila, eine passende Häkelnadel, eine Sticknadel mit Spitze und Stecknadeln.

So machst du die Topflappen

1. Nimm das blaue Garn und beginne wie immer mit einer Luftmaschenkette. Wenn du dir nicht mehr ganz sicher bist, wie es geht, dann schlag noch mal auf Seite 10 bei den Luftmaschenketten nach. Du musst 25 Luftmaschen anschlagen und noch eine Luftmasche als Wendeluftmasche extra häkeln.

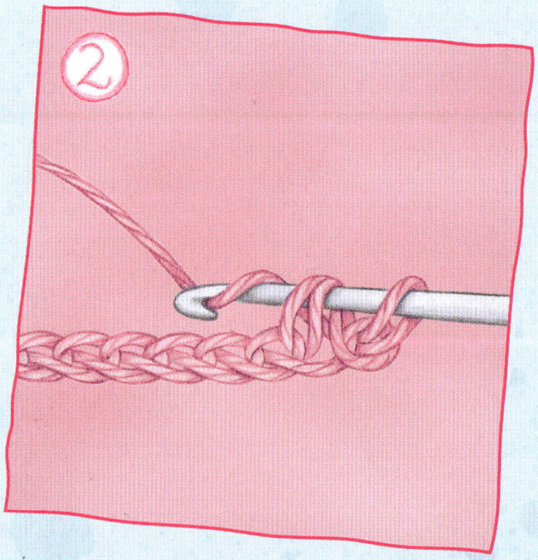

2. Jetzt häkelst du in deine 25 Luftmaschen eine Reihe fester Maschen. Ganz genau erklärt werden die festen Maschen auf Seite 26, falls du das noch einmal nachlesen möchtest.

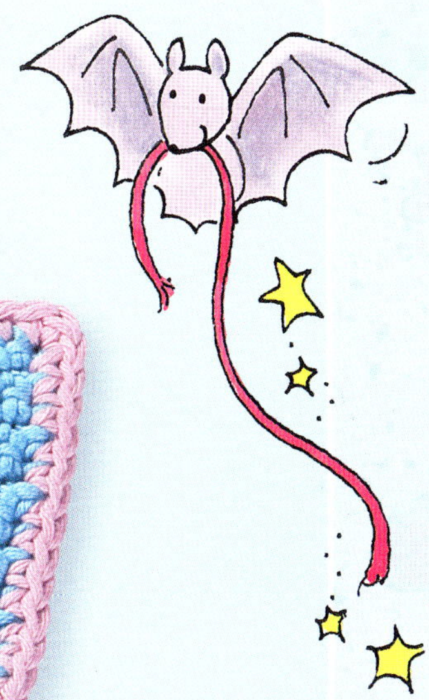

Die Topflappen sehen toll aus und sind dazu noch richtig praktisch.
Backen wir jetzt einen Kuchen?

3. Wenn du die letzte feste Masche gehäkelt hast, ist noch eine Schlinge auf deiner Nadel. Halt die Häkelnadel mit der Schlinge fest und dreh das gehäkelte Stück um. Jetzt bist du am Anfang deiner nächsten Reihe. In die Schlinge auf der Nadel häkelst du nun eine zusätzliche Luftmasche. Das ist die sogenannte Wendeluftmasche. An die solltest du immer denken, damit die Kante schön gerade wird.

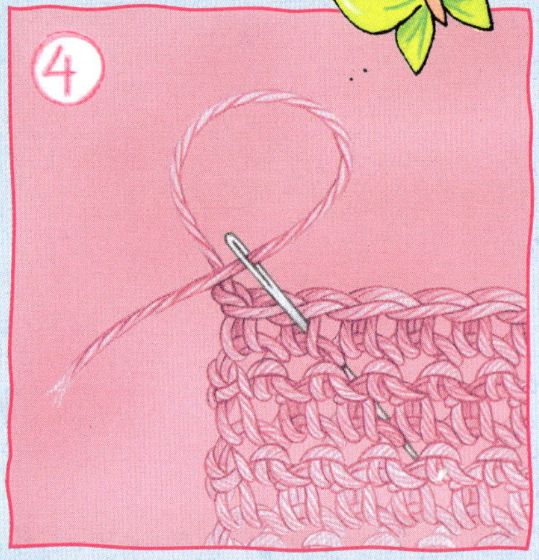

4. Häkle Reihe für Reihe mit festen Maschen. Du wirst sehen, es geht mit jeder neuen Reihe noch schneller und besser. Dein Topflappen soll quadratisch werden. Nimm ein Maßband und schau, wie breit dein Topflappen ist. Häkle so viele Reihen, bis dein Topflappen so hoch wie breit ist. Ich habe 26 Reihen gebraucht bis ich ein schönes Quadrat hatte. Am Ende der letzten Reihe schneidest du den Faden ab und ziehst ihn durch die letzte Schlinge. Zieh dann den Faden fest an und vernäh ihn.

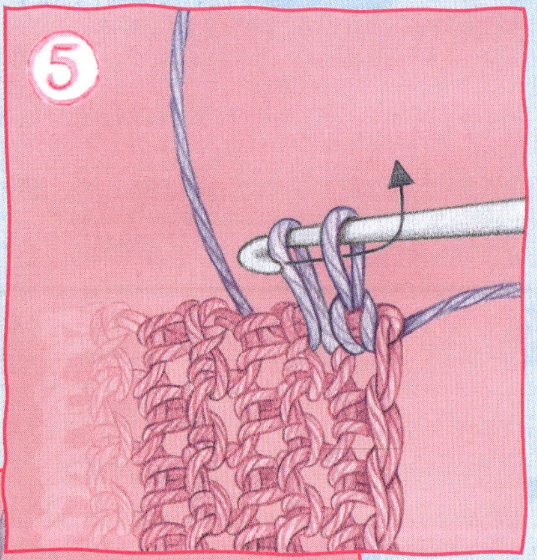

5. Jetzt bekommt dein Topflappen einen hübschen Rand aus Kettmaschen. Nimm das lilafarbene Garn und halte das Fadenende neben den Rand des Topflappens. Jetzt stichst du mit deiner Häkelnadel durch die erste feste Masche an der Ecke. Zieh den lilafarbenen Faden zu einer Schlinge durch. Halt dabei das Fadenende fest. Häkle noch eine Luftmasche und stich dann in die zweite Masche ein, hol den Faden erneut und zieh ihn durch die Schlinge auf der Nadel.

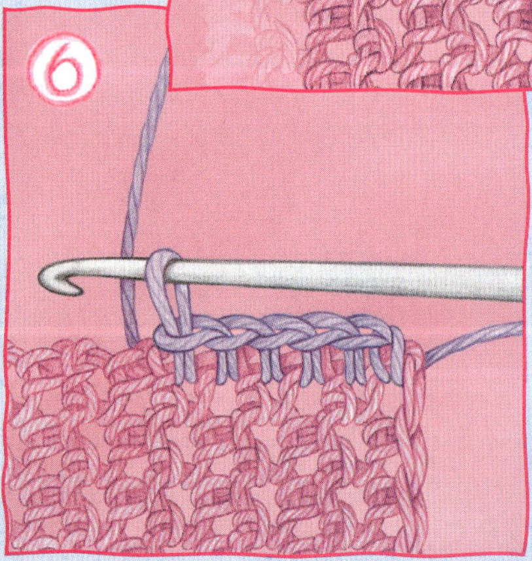

6. Stich nun in die nächste feste Masche ein und häkle eine weitere Kettmasche. So umhäkelst du Masche für Masche bis du zur nächsten Ecke kommst. Hier häkelst du drei Kettmaschen in die feste Masche auf der Ecke. Dadurch bleiben deine Ecken schön und verziehen sich nicht. So arbeitest du an den Seiten und Ecken weiter, bis du zu der dritten Ecke kommst.

7. An dieser Ecke häkelst du den Aufhänger. Häkle in die feste Masche in der Ecke eine Kettmasche und dann eine Luftmaschenkette von 15 Luftmaschen. Stich nun mit der Nadel und der Luftmaschenkette wieder in die Eckmasche ein und befestige den Aufhänger mit einer Kettmasche (das kannst du auch gut bei den Zopfgummiblüten bei Schritt 8 auf Seite 23 nachschlagen). Im Anschluss behäkelst du auch die letzte Seite wie die vorigen. In die letzte Eckmasche häkelst du noch 2 Kettmaschen und eine Kettmasche in die erste Kettmasche der Runde. Beende dann die Arbeit.

8. Nimm noch mal das lilafarbene Garn und häkle eine Luftmaschenkette. Sie soll so lang sein, dass du damit ein schönes Herz legen kannst. Wenn deine Luftmaschenschlange lang genug ist, schneidest du den Faden so ab, dass noch etwa 50 cm überstehen. Jetzt formst und legst du das Herz in die Mitte deines Topflappens und steckst es fest. Am besten geht das, wenn die beiden Enden in der Herzmitte oder an der Herzspitze liegen. Fädle nun das Fadenende in eine Sticknadel ein und näh das Herz mit Vorstichen auf dem Topflappen fest. Wenn das Herz gut hält, vernähst du den Faden und den Anfangsfaden deiner Luftmaschenkette noch mit ein paar kleinen Stichen.

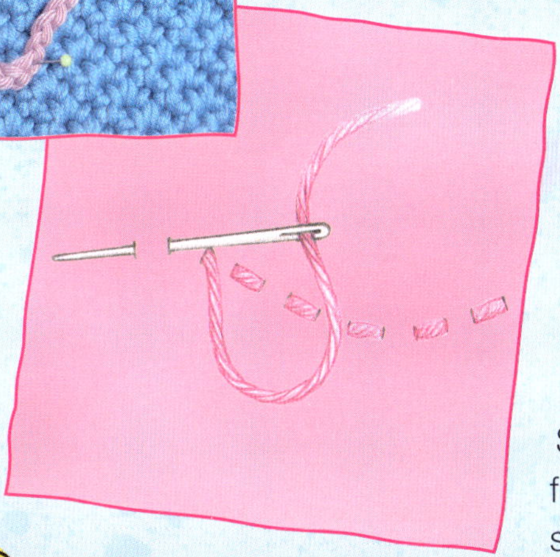

So, nun fehlt noch der zweite Topflappen für die andere Hand. Häkle diesen genauso wie den ersten.

Tipp: Topflappen sind ein schönes Geschenk für liebe Menschen, die gerne kochen. Vielleicht kennst du ja jemanden, dem du damit eine Freude machen möchtest.

Pulswärmer

Aus einem kleinen Rechteck und zwei verschiedenfarbigen Häkelgarnen kannst du dir ein schönes Armband oder einen Pulswärmer häkeln.

Das brauchst du für den Piratenpulswärmer

1/2 Knäuel Baumwollgarn für Nadelstärke 4,5 in Schwarz und einen Rest in Weiß, eine passende Häkelnadel, je einen Rest Filz in Weiß, Rot und Schwarz (mit oder ohne Glitzer), ein Stück Klettband, Stickgarn in Schwarz und Rot, Sticknadel, Stecknadeln, Nähnadel, Nähgarn in Schwarz. Zum Abzeichnen der Vorlagen: Transparentpapier (oder dünnes, weißes Papier), Schere und Bleistift.

So machst du den Piratenpulswärmer

1. Starte für den Pulswärmer mit dem weißen Garn. Schlage damit 28 Luftmaschen und eine Wendeluftmasche an. Dann häkelst du in deine Luftmaschenkette eine Reihe fester Maschen. Wenn du dir nicht mehr ganz sicher bist, wie es geht, dann schlage noch mal auf Seite 26 nach.

2. Bei der letzten Masche deiner Reihe kommt nun der Farbwechsel zum schwarzen Garn. Hol für die letzte feste Masche eine Schlinge in Weiß durch. Dann nimmst du das schwarze Garn in die Hand und ziehst es durch die beiden weißen Schlingen auf der Nadel. Den weißen Faden schneidest du ab.

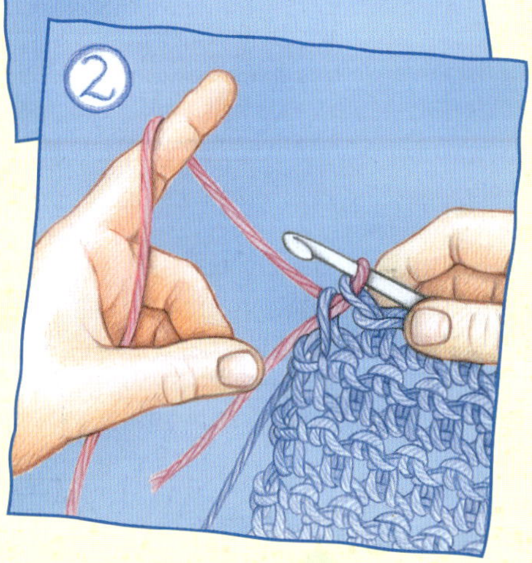

3. Wende dein Häkelstück und häkle die Wendeluftmasche und die nächste Reihe in Schwarz. Arbeite insgesamt sechs weitere Reihen fester Maschen mit dem schwarzen Garn. Bei der letzten Masche der sechsten schwarzen Reihe kommt wieder ein Farbwechsel, dieses Mal zu Weiß.

Wie wär's mit einem Pulswärmer in Regenbogenfarben?
Oder einem, der zu deinem T-Shirt passt?

4. Hol für die letzte feste Masche eine Schlinge in Schwarz durch. Dann nimmst du wieder das weiße Garn und ziehst diesen Faden durch die beiden schwarzen Schlingen. Wende die Arbeit und denk an deine Wendeluftmasche. Nun häkelst du noch zwei Reihen feste Maschen in Weiß.

5. Am Ende der letzten Reihe schneidest du den Faden ab, ziehst ihn durch die letzte Schlinge und vernähst alle Fäden. Wie das geht, kannst du auf Seite 61 nachschlagen.

6. Jetzt fehlt noch der wilde Pirat. Schneide dir Schablonen für die einzelnen Piratenteile. Wie das geht, steht bei den Türschildern auf Seite 13. Schneide die Teile aus den verschiedenfarbigen Filzteilen aus. Leg zuerst einen schwarzen Stickfaden quer über das Gesicht und verknote ihn auf der Rückseite. Steck nun die Augenklappe und das Kopftuch passend auf dem Gesicht fest.

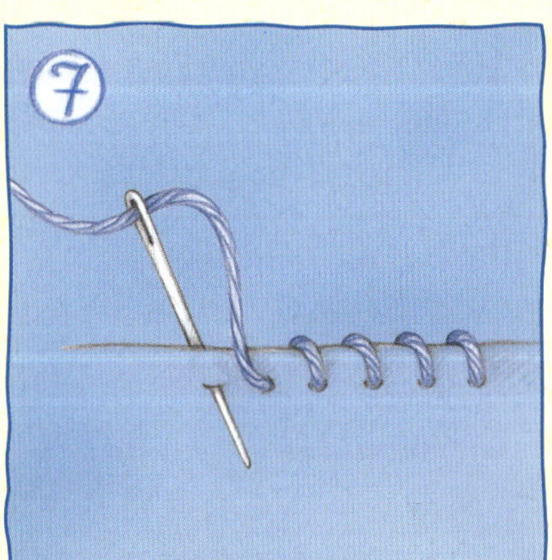

7. Teil das rote Stickgarn in 3 Teile aus je 2 Fäden. 2 Fäden fädelst du dann in die Sticknadel und stickst die Augenklappe mit Überwendlingsstichen fest. Schau zum Sticken auch noch mal auf Seite 61 nach. Bei dem Piratengesicht verknotest du die Stickfäden auf der Rückseite. Für den Mund stickst du drei kleine Kreuze auf – einen kurzen schrägen Stich und den nächsten Stich dann von der anderen Seite schräg darüber. Für das Auge stickst du mit dem schwarzen, halbierten Stickgarn zwei kleine Stiche dicht nebeneinander.

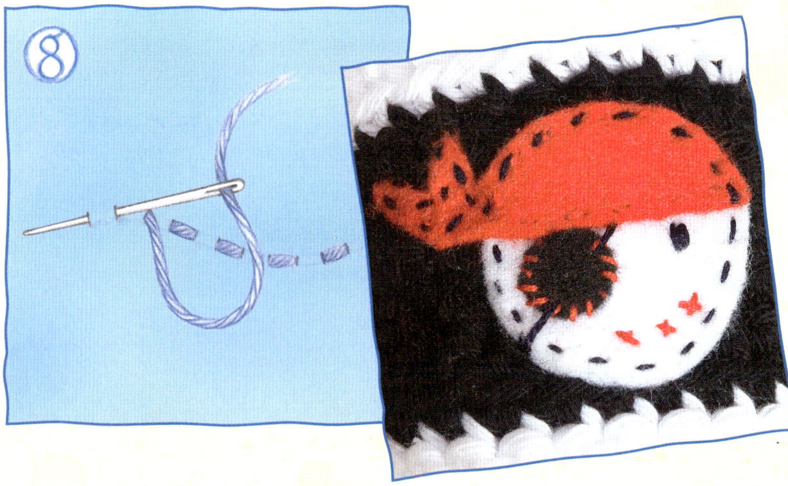

8. Such nun die Mitte deines Pulswärmers und steck hier deinen Piraten mit Stecknadeln fest. Jetzt nähst du ihn mit dem halbierten, schwarzen Stickgarn und Vorstichen rundherum fest. Zuletzt stickst du noch die Linie an der geraden Kopftuchkante in Rot nach.

9. Halt nun den Pulswärmer an dein Handgelenk und schau, wie weit du die Enden übereinanderschlagen musst, damit er gut sitzt. Die Stellen, an der die Klettbandstücke später sein müssen, markierst du mit Stecknadeln. Dann schneidest du ein Stück Klettband ab und nimmst die beiden Teile auseinander. Steck jetzt beide Teile an den markierten Stellen fest und näh sie rundherum mit Nähnadel und Nähgarn mit Überwendlingsstichen an.

Das brauchst du für das Armband mit Sternen

1/2 Knäuel Baumwollgarn für Nadelstärke 4,5 in Türkis oder Jeansblau, einen Rest Garn in Schwarz, eine passende Häkelnadel, ein Stück Filz in Schwarz, ein Stück Klettband, Stickgarn in Schwarz, Sticknadel, Nähnadel, Nähgarn in Schwarz, Stecknadeln. Zum Abzeichnen der Vorlagen: Transparentpapier (oder dünnes, weißes Papier), Schere und Bleistift.

So machst du das Armband mit Sternen

Häkle das Armband genau wie den Pulswärmer, fang jedoch mit dem schwarzen Garn an und wechsle dann zu Blau. Die beiden letzten Reihen häkelst du wieder in Schwarz. Dann schneidest du dir einige Sterne aus dem schwarzen Filz aus und nähst sie fest. Nimm dazu geteiltes, schwarzes Stickgarn und näh mit Vorstichen an den Rändern entlang.

3 x

Lustiges Alien

Jetzt geht's rund! Mit den Maschen, die du bereits kennst, kannst du nämlich auch in Runden häkeln.

Das brauchst du für das Alien

Je einen Rest dickes Baumwollgarn in Blau und Türkis für Nadelstärke 4,5 – 5, Glitzergarn in Silber, 1 dicke Häkelnadel Nr. 7 – 8, etwas blaues Stickgarn, je einen Rest Bastelfilz in Orange und Weiß, 3 blaue und 2 rote Holzkugeln, jede etwa 1 cm groß, etwas Füllwatte, 1 Sticknadel mit Spitze, einen silberfarbenen Karabinerhaken. Zum Übertragen der Vorlagen: Transparentpapier (oder dünnes, weißes Papier), Bleistift, Schere.

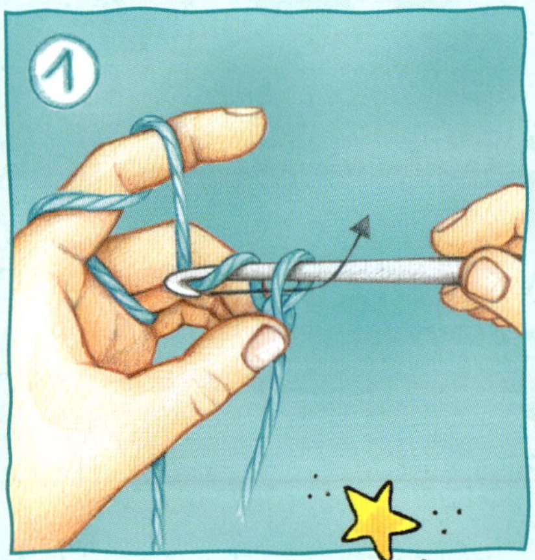

So machst du das Alien

1. Du beginnst mit dem Vorderteil. Nimm das türkisfarbene Baumwollgarn und deinen Glitzerfaden gleichzeitig in die Hand und häkle mit beiden Garnen. Nimm für das doppelte Garn die dicke Häkelnadel. Schlag zwei Luftmaschen an. Auf den Bildern wird nur ein Faden benutzt. Die Technik mit zwei Fäden ist aber die gleiche.

2. Nun häkelst du in die 1. Luftmasche 9 feste Maschen. Dadurch bildet sich schon ein kleiner Kreis. Mit einer Kettmasche in die 2. Luftmasche vom Anschlag schließt du die Runde.

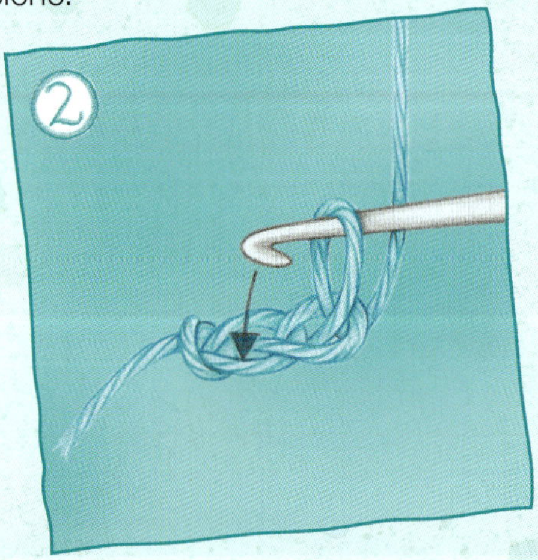

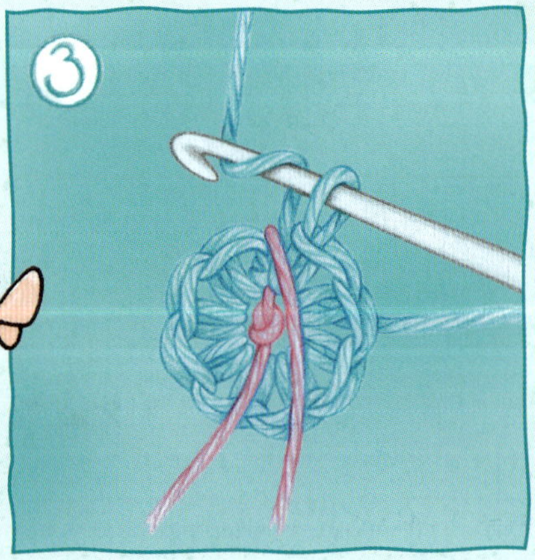

3. Jetzt kommt die 2. Runde. Leg einen gut sichtbaren Faden als Markierung über die Maschen, wie du es auf der Zeichnung siehst. So weißt du immer, wo deine Runden anfangen und enden. Beginn die Runde mit einer Luftmasche.

Das fremde Wesen wird am Schlüsselbund zu einem treuen Freund.

4. Beim Häkeln in Runden ersetzt diese Luftmasche die 1. Masche, deshalb nennt man sie hier auch Ersatzluftmasche. Danach geht es mit festen Maschen weiter. Arbeite in die 1. Masche eine feste Masche und dann in jede Masche der 1. Runde 2 feste Maschen. Dadurch häkelst du in der 2. Runde 20 feste Maschen (die Ersatzluftmasche wird ja auch als Masche gezählt). Du hast also 10 Maschen mehr gehäkelt – oder zugenommen, wie man dazu sagt.

5. Am Ende deiner Runde häkelst du eine Kettmasche in die Ersatzluftmasche. Damit ist die 2. Runde geschlossen. Bevor du mit der 3. Runde beginnst, häkelst du wieder eine Ersatzluftmasche. An die Ersatzluftmasche musst du zu Beginn jeder neuen Runde denken. Auch das Ende jeder Runde ist immer eine Kettmasche. Wie eine Kettmasche gehäkelt wird, siehst du noch mal auf dem Bild.

6. In der 3. Runde musst du wieder zunehmen. Dadurch wächst dein Kreis weiter und liegt flach. Diesmal nimmst du in jeder 2. Masche zu. Am Anfang überspringst du die 1. Masche (denn du hast ja die Ersatzluftmasche gehäkelt), dann häkelst du in die 2. Masche der Vorrunde 2 feste Maschen und in die nächste wieder nur eine feste Masche. So wechselst du bis zum Ende der Runde immer ab. Auf dem Bild siehst du eine Zunahme in der Mitte der Reihe. Auch hier werden einfach 2 Maschen in eine Masche der Vorrunde oder -reihe gehäkelt.

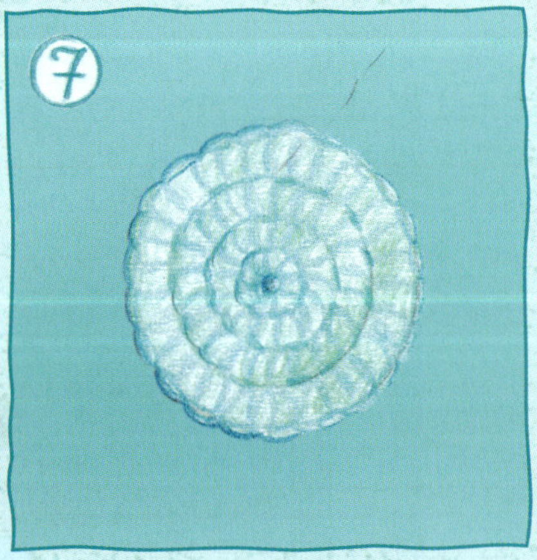

7. In den beiden nächsten Runden nimmst du weiter zu. Häkle in der 4. Runde in jede 3. Masche zwei feste Maschen. Beende dann die Runde wie immer und starte zur 5. Runde. Hier häkelst du immer drei „normale" feste Maschen und in jede 4. Masche zwei feste Maschen. Zuletzt schließt du die 5. Runde mit einer Kettmasche und ziehst den Faden durch die letzte Schlinge. Das Vorderteil ist fertig.

8. Für die Rückseite nimmst du das blaue Garn zusammen mit dem Glitzergarn. Damit schlägst du wieder zwei Luftmaschen an. Häkle dann 9 feste Maschen in die 1. Luftmasche und schließ die Runde mit einer Kettmasche. Weiter geht's so, wie bei Schritt 3 – 7 beschrieben.

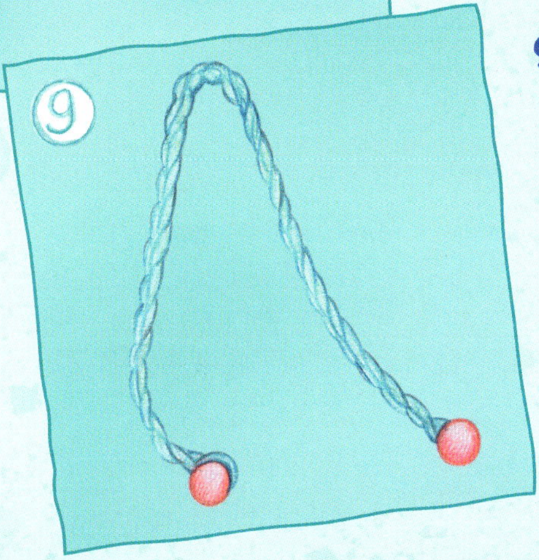

9. Für die Beine häkelst du mit dem blauen und dem Glitzergarn eine etwa 20 – 25 cm lange Luftmaschenkette. Beim Vernähen der Anfangs- und Endfäden nähst du die roten Perlen fest. Schneide mithilfe der Schablonen den Mund und die weißen Filzaugen aus. (Genau erklärt wird das auf Seite 13.) Stick mit blauem Stickgarn und Vorstichen eine Mundlinie auf. Dann nähst du den Mund mit dem Glitzergarn und Überwendlingsstichen fest.

10. Nimm die Luftmaschenkette und die Füllwatte und leg diese zwischen die beiden Hälften. Dann nähst du das Alien rundherum mit Überwendlingsstichen zu. Da die beiden Teile gleich sind, kannst du immer die beiden übereinanderliegenden Maschen zusammennähen. Jetzt müssen noch die blauen Holzkugeln auf den weißen Filzaugen am Kopf festgenäht werden. Zuletzt befestigst du den Karabinerhaken mit ein paar Stichen auf der Rückseite.

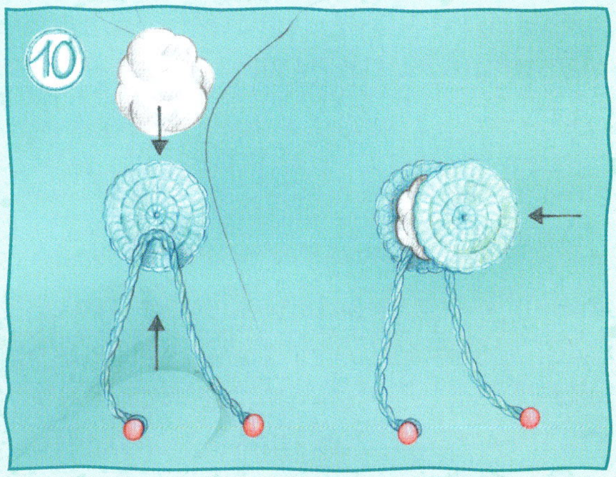

3 x
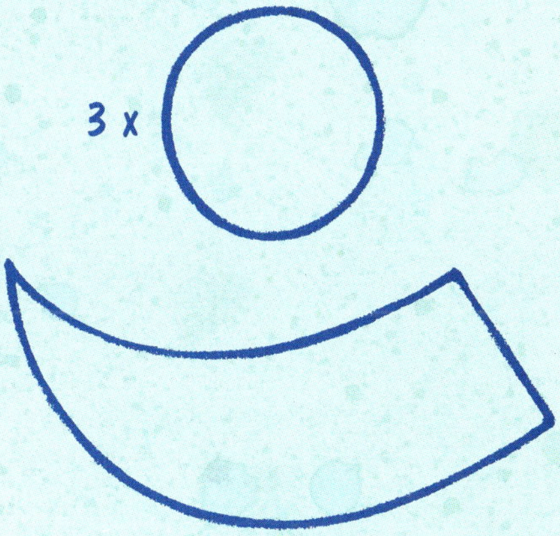

Fingerpuppen

Mit gehäkelten Runden kannst du auch „Schläuche" herstellen. Daraus lassen sich viele tolle Dinge machen.

Das brauchst du für das Gespenst

Einen Rest dünnes Baumwollgarn für Nadelstärke 3 – 3,5 in Weiß, eine passende Häkelnadel, ca. Nr. 3,5, je einen Rest schwarzes und rotes Stickgarn, Sticknadel mit Spitze.

So machst du das Gespenst

1. Schlag mit dem weißen Garn wieder zwei Luftmaschen an. Nun häkelst du in die 1. Luftmasche 4 feste Maschen und 1 Kettmasche in die 2 Luftmasche des Anschlags, um die Runde zu schließen.

2. Weiter geht's mit der 2. Runde. Häkle zuerst die Ersatzluftmasche und leg wieder einen Markierungsfaden über die Maschen. Auch in dieser Runde musst du wieder zunehmen. Arbeite in die 1. Masche eine feste Masche und dann in jede Masche der Vorrunde 2 feste Maschen. Dadurch häkelst du in der 2. Runde 10 feste Maschen (die Ersatzluftmasche wird ja auch als Masche gezählt). Schließ deine Runde mit einer Kettmasche.

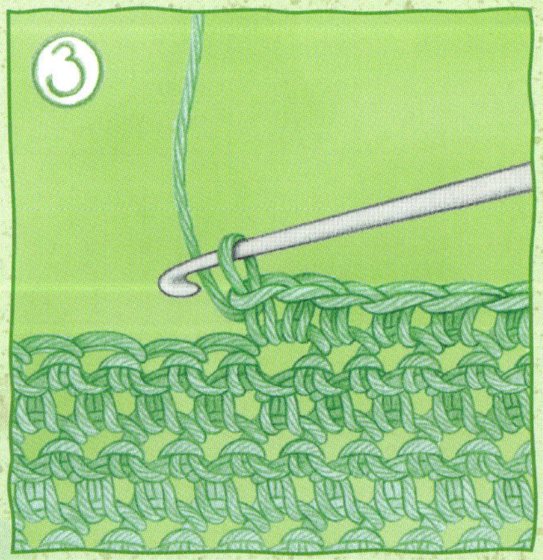

3. Nach der Ersatzluftmasche häkelst du die 3. Runde ohne Zunahmen. Du überspringst die 1. Masche und häkelst dann in jede Masche eine feste Masche und zum Schluss eine Kettmasche. In der 4. Runde nimmst du nur 2 Maschen zu, dazu häkelst du in die 3. und 8. Masche jeweils 2 feste Maschen. Beende die Runde mit einer Kettmasche. Die Runde besteht dann aus 12 Maschen.

Wenn die Puppen fertig sind, gibt es eine richtige Vorstellung im Kasperletheater.

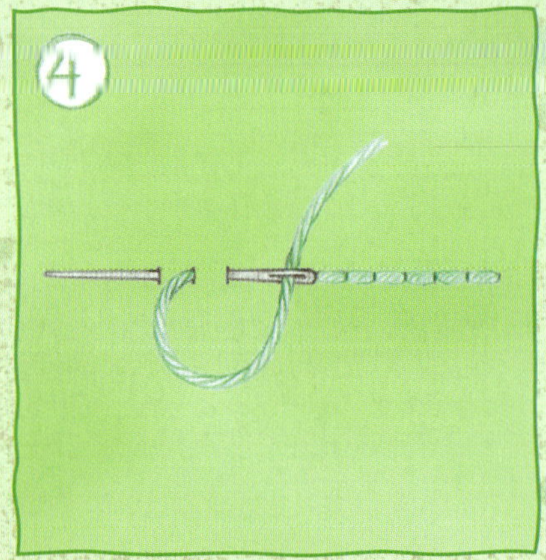

4. Jetzt häkelst du dein Gespenst Runde für Runde weiter. Häkle solange, bis das Gespenst gut auf deinen Finger passt. Ich habe 18 Runden gebraucht. Dann beendest du das Häkelstück. Stick jetzt mit dem halbierten, roten Stickgarn den Mund auf. Für die Augen nimmst du schwarzes Stickgarn. Stick zwei Vorstiche als Kreuz übereinander. Für das andere Auge machst du einige kleine Stiche dicht nebeneinander.

Das brauchst du für den Piraten

Einen Rest dünnes Baumwollgarn für Nadelstärke 3 – 3,5 in Hellbraun, eine passende Häkelnadel, ca. Nr. 3,5, je einen Rest schwarzes und rotes Stickgarn, eine Sticknadel mit Spitze, ca. 15 x 20 cm Bastelfilz in Rot und einen Rest in Schwarz. Zum Übertragen der Vorlagen: Transparentpapier (oder dünnes, weißes Papier), Bleistift, Schere.

So machst du den Piraten

Häkle den Piraten genauso wie das Gespenst, nur aus dem hellbraunen Garn. Leg dann den roten Filz doppelt. Die Schablone für das Hemd legst du ganz oben an die Faltkante. Zeichne das Hemd und die Piratenkappe auf und schneide sie aus. Dabei schneidest du gleichzeitig durch beide Filzlagen. Aus dem schwarzen Filz schneidest du eine Augenklappe und einen etwa 1 x 14 cm großen Streifen als Gürtel. Stick das schwarze Auge, den roten Mund und die Nase auf. Leg die Augenklappe auf und stick mit schwarzem Stickgarn die Halterung. Jetzt nähst du die Piratenkappe an der Rundung und das Hemd an den Seiten bis zu den Armausschnitten mit Überwendlingsstichen zusammen. Zieh den Piraten an und näh die Kleidung mit ein paar Stichen fest.

Das brauchst du für die Prinzessin

Je einen Rest dünnes Baumwollgarn für Nadelstärke 3 – 3,5 in Rosa und in Weiß, eine passende Häkelnadel, ca. Nr. 3,5, gelbes und rotes Stickgarn, eine Sticknadel mit Spitze, Rest Bastelfilz in Pink, Nähnadel, Nähgarn in Weiß, 2 blaue Rocailleperlen, eine Satinrose oder einen kleinen Knopf. Zum Übertragen der Vorlagen: Transparentpapier (oder dünnes, weißes Papier), Bleistift, Schere.

So machst du die Prinzessin

1. Häkle aus dem rosafarbenen Garn den Körper der Prinzessin (genauso wie beim Gespenst). Dann häkelst du aus dem weißen Garn den Umhang. Schlag dazu 12 Luftmaschen und eine Wendeluftmasche an. In der 2. Reihe häkelst du 12 feste Maschen und wieder eine Wendeluftmasche. In den nächsten 8 Reihen musst du jeweils 3 Maschen zunehmen. Häkle also je einmal am Anfang, in der Mitte und am Ende der Reihe zwei Maschen in eine Masche der Vorreihe. Nach diesen 10 Reihen beendest du deinen Umhang und nähst ihn mit einigen Stichen hinten an der Prinzessin fest.

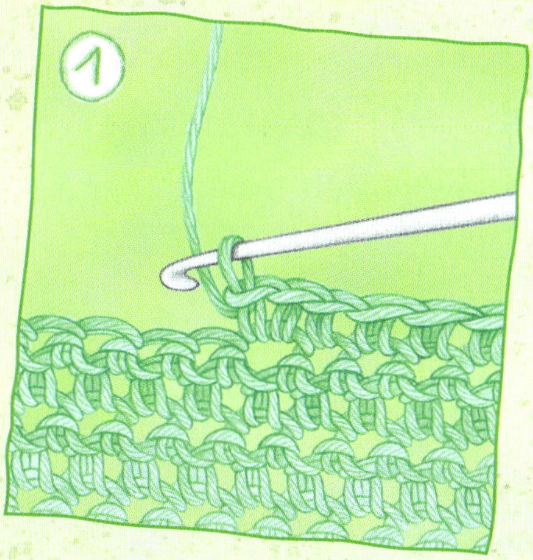

2. Jetzt bekommt die Prinzessin einige rote Steppstiche als Mund. Die beiden blauen Perlen nähst du als Augen auf. Schneide aus dem pinkfarbenen Filz mithilfe der Schablonen die Krone und den Kragen aus. Für die Haare nimmst du das gelbe Stickgarn, nähst einen kleinen Stich und ziehst den Faden so weit durch, dass das Ende etwa 5 cm übersteht. An der anderen Seite schneidest du den Faden auch so lang ab und verknotest die beiden Enden. Näh so viele Haare an, wie du magst. Dann schneidest du die Haare zu einer Prinzessinnenfrisur. Zuletzt nähst du mit einigen Stichen die Krone und den Kragen mit Nähgarn und Nähnadel fest.

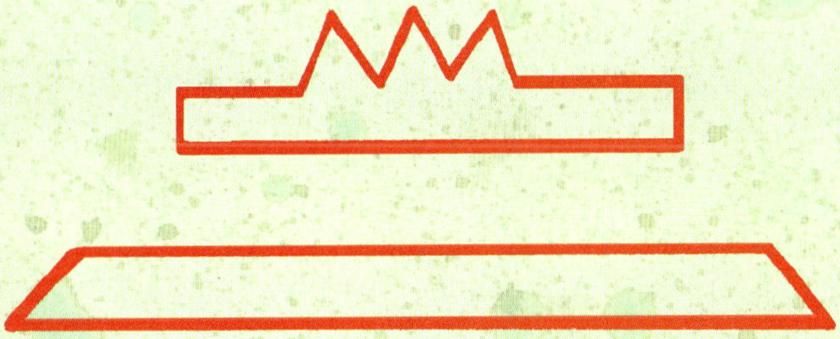

Der Kuschelhund

Jetzt ist es soweit: Du kannst dir einen eigenen Hund häkeln. Mit all den bisher gelernten Häkeltricks gelingt dir dein Meisterstück garantiert.

Das brauchst du für den Hund Emil

100 g mitteldickes Garn für Nadelstärke 4,5 in Hellbraun und einen Rest in Dunkelbraun, eine passende Häkelnadel Nr. 4,5, ein 16 x 3 cm großes Stück roten Filz für das Halstuch, Sticknadel mit breitem Öhr und Spitze, rotes Nähgarn, Nähnadel, Füllwatte.

So machst du den Körper

1. Du schlägst mit dem braunen Garn 2 Luftmaschen an. Nun häkelst du in die 1. Luftmasche 9 feste Maschen und schließt die Runde mit einer Kettmasche in die 2. Luftmasche. Dann häkelst du eine Ersatzluftmasche.

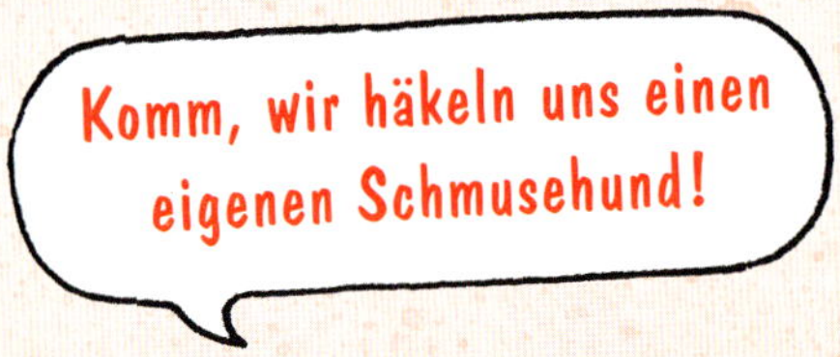

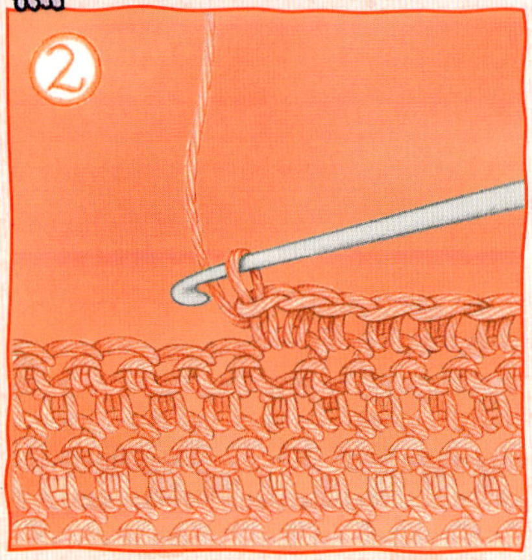

2. In der 2. Runde verdoppelst du jede 2. Masche, häkelst also in jede 2. Masche der Vorrunde zwei Maschen (dann hast du insgesamt 15 Maschen).
In der 3. Runde verdoppelst du jede 3. Masche (= insgesamt 20 Maschen).
In der 4. Runde verdoppelst du jede 4. Masche (= insgesamt 25 Maschen).
In der 5. Runde verdoppelst du jede 8. Masche (= insgesamt 28 Maschen).
In der 6. Runde verdoppelst du jede 5. Masche (= insgesamt 33 Maschen).
Und in der 7. Runde verdoppelst du jede 11. Masche und hast dann 36 Maschen.

Ist das nicht ein Prachtkerl? Die Fotos und Zeichnungen auf den nächsten Seiten zeigen dir ganz genau, was du tun musst.

3. Von der 8. Runde bis zur 25. Runde häkelst du ohne Zunahmen weiter. In der 26. Runde kommt etwas Neues für dich: eine Abnahme. Häkle 4 „normale" feste Maschen. Die 5. und 6. Masche werden dann zusammengehäkelt. Dazu holst du dir die Schlinge für die 5. Masche, sodass 2 Schlingen auf der Nadel liegen.

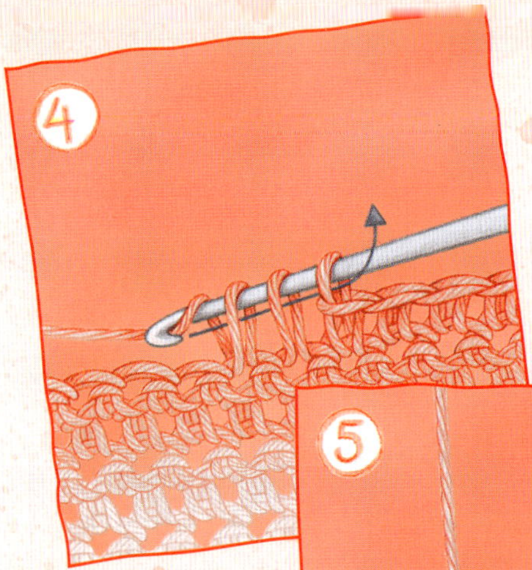

4. Jetzt geht es anders weiter als bisher. Du stichst nun in die nächste Masche ein und holst eine dritte Schlinge auf die Nadel. Hol dann den Faden und zieh ihn durch alle drei Schlingen.

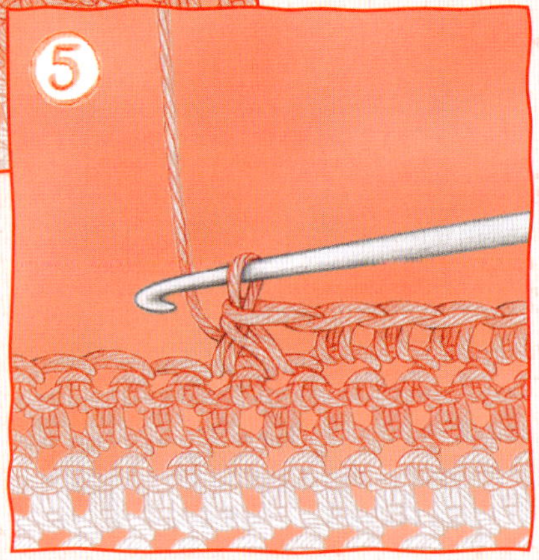

5. So bleibt nur eine Schlinge übrig. Aus der 5. und 6. Masche ist nun eine Masche geworden. Häkle dann wieder vier „normale" feste Maschen und die 5. und 6. Masche wieder zusammen. So häkelst du weiter bis zum Ende der Runde.

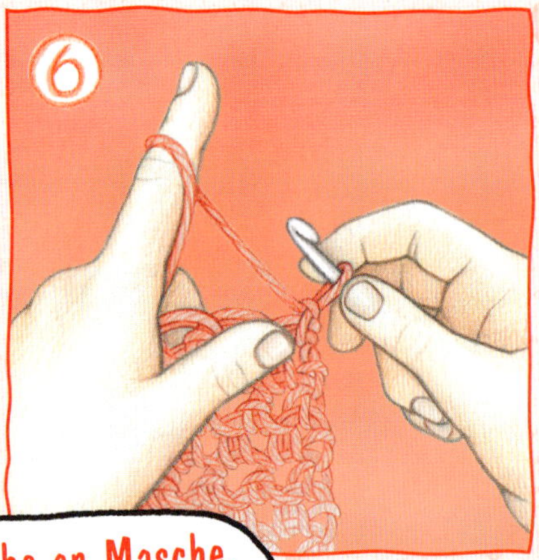

6. In der 27. Runde häkelst du jeweils 3 feste Maschen und dann immer die 4. und 5. Masche zusammen. In der 28. Runde häkelst du jeweils 2 feste Maschen und die 3. und 4. Masche zusammen. In der letzten Runde (der 29.) häkelst du nur feste Maschen ohne Abnahmen. Schneid dann den Faden bis auf 30 cm ab und zieh ihn durch die letzte Schlinge. Den Körper hast du nun schon geschafft.

So machst du den Kopf

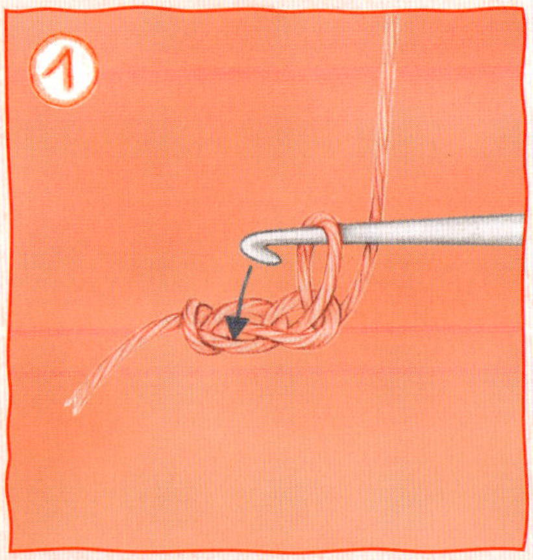

1. Bis einschließlich Runde 6 wird der Kopf genauso wie der Körper gehäkelt (sieh bei den Schritten 1 und 2 nach). Es folgen noch 7 Runden ohne Zunahmen. Insgesamt hast du jetzt schon 13 Runden gehäkelt.

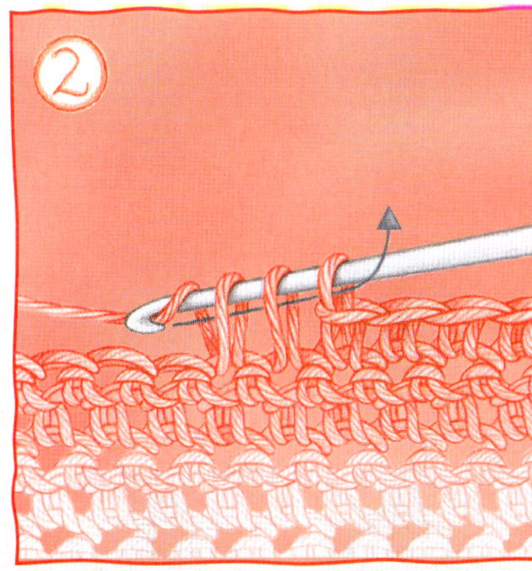

2. Nun kommen die Abnahmen. In der 14. Runde häkelst du jeweils 3 „normale" feste Maschen und dann die 4. und 5. Masche zusammen (schau bei Schritt 3 – 6 nach). In der 15. Runde häkelst du nur feste Maschen ohne Abnahme. In der nächsten Runde, der 16., häkelst du immer abwechselnd 2 feste Maschen und dann jeweils die 3. und 4. Masche zusammen. In der 17. Runde häkelst du jeweils die 6. und 7. Masche zusammen. Die letzte Runde (Nr. 18) häkelst du ohne Abnahme. Schneide den Faden bis auf etwa 30 cm ab und zieh das Ende durch die letzte Schlinge.

So machst du die Ohren

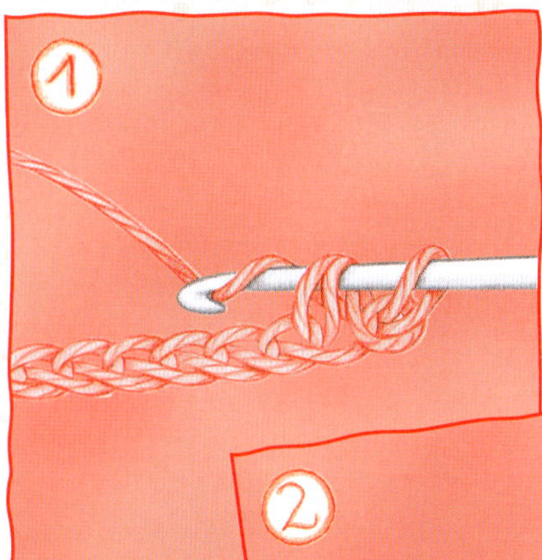

1. Schlag mit dem dunkelbraunen Garn 6 Luftmaschen und eine Wendeluftmasche an. Häkle jetzt 7 Reihen mit je 6 festen Maschen und einer Wendeluftmasche.

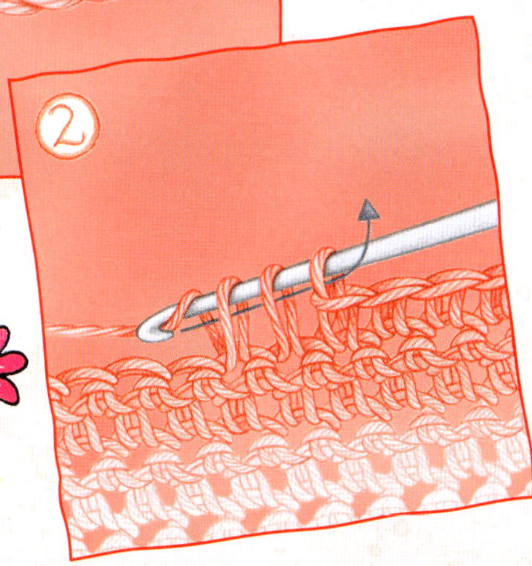

2. In der 8. Reihe häkelst du in der Mitte 2 Maschen zusammen. Die nächste Reihe (9. Reihe) häkelst du ohne Abnahme. Die 10. und 11. sowie die 12. und 13. Reihe häkelst du genauso wie Reihe 8 und 9. Zuletzt kommt noch eine Reihe feste Maschen und dein erstes Ohr ist fertig. Das zweite Ohr häkelst du genauso.

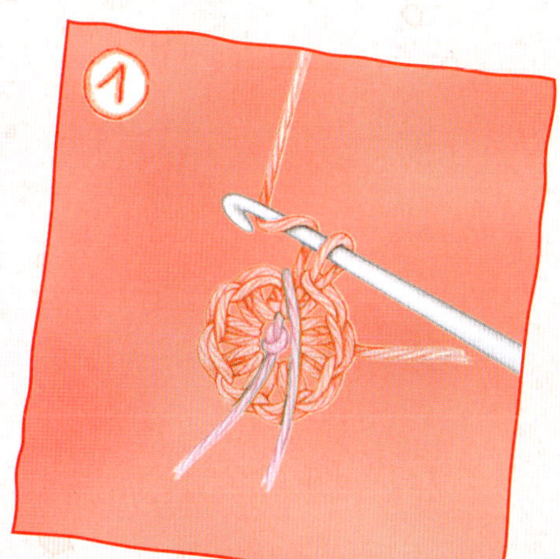

So machst du den Bauchfleck

1. Mit dem dunklen Garn häkelst du die ersten 4 Runden wie beim Körper beschrieben (Schritt 1 und 2). Dann beendest du das Stück und lässt den Faden hängen.

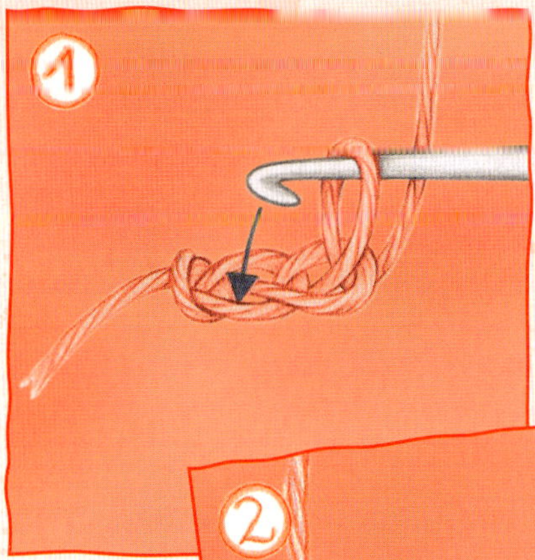

So machst du die Arme

1. Häkle mit dem hellbraunen Garn zwei Luftmaschen. Nun häkelst du in die 1. Luftmasche 5 feste Maschen und schließt die Runde mit einer Kettmasche in die 2. Luftmasche. Häkle eine Ersatzluftmasche.

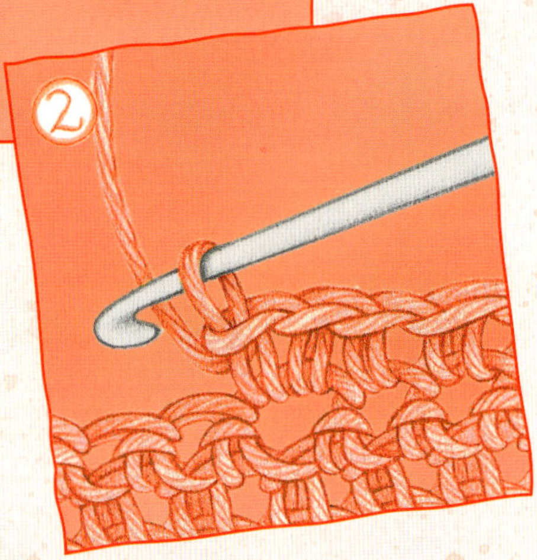

2. In der 2. Runde verdoppelst du jede 2. Masche. In der 3. Runde verdoppelst du jede 3. Masche. Dann häkelst du 18 Runden feste Maschen ohne Zunahme. Dadurch entsteht wieder ein Schlauch wie bei den Fingerpuppen. Beende dann den Arm und lass ein Stück Faden hängen. Den zweiten Arm häkelst du genau wie den ersten.

So machst du die Beine

1. Häkle beide Beine genauso, wie du es bei den Armen gemacht hast. Beende die Beine aber schon nach 10 Runden ohne Zunahmen. Stick mit dem dunkelbraunen Faden jeweils noch drei lange Steppstiche auf die Pfoten.

So nähst du Emil zusammen

1. Steck beide Ohren mit der geraden Kante am Kopf fest. Dann nähst du die Ohren mit dem dunkelbraunen Anfangsfaden und Steppstichen fest. Steck auch den Fleck auf den Bauch und näh ihn ringsum mit dem dunkelbraunen Faden und Steppstichen an.

2. Stopf den Kopf, die Arme, die Beine und den Körper mit Füllwatte aus, bis alles schön rund gefüllt ist.

3. Nimm nun die Endfäden und näh die Teile zusammen. Zuerst befestigst du den Kopf auf dem Körper. Lass dir hierbei vielleicht von einem Erwachsenen helfen. Näh die Öffnungen an Kopf und Körper ringsum mit einer Stossnaht zusammen. Die Arme und die Beine nähst du rund um die Öffnungen mit Steppstichen an den Körper.

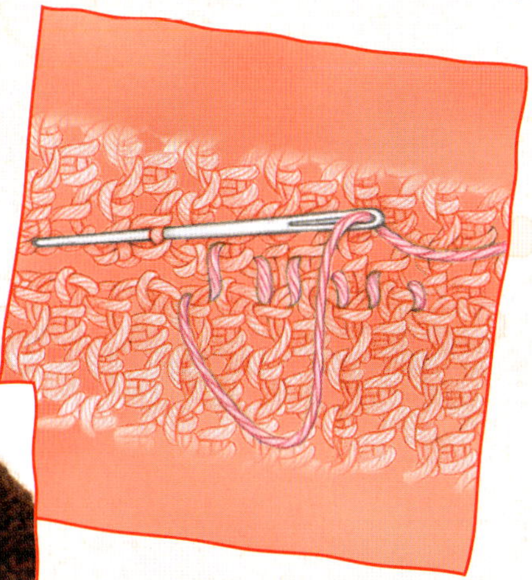

4. Mit dem dunkelbraunen Garn stickst du nun das Gesicht. Für die Augen stickst du jeweils einige Steppstiche ganz eng nebeneinander. Bei der Nase nähst du die Stiche quer. Stick zuerst den langen oberen Stich. Dann stickst du noch einige direkt darunter, die jeweils etwas kürzer sind, damit ein Dreieck entsteht. Zuletzt stickst du noch den Mund und den Kreis um das Auge mit Steppstichen auf. Aus dem Filz schneidest du ein 16 cm breites und 3 cm hohes Dreieck als Halstuch aus, legst es Emil um und nähst es hinten mit dem Nähgarn zusammen. Fertig ist dein kleiner und frecher Emil.

Was tun, wenn ... ?

Bei echter Handarbeit ist es ganz normal, dass nicht alle Maschen gleich aussehen. Falls aber etwas richtig „schief" geworden ist, dann gibt es noch einige Tricks zur Rettung.

1. Sieht dein Häkelstück an den Seiten etwas unregelmäßig aus oder wird es nach oben immer schmaler? Dann hast du bestimmt ab und zu die 1. oder letzte Masche vergessen. Es gibt jetzt verschiedene Möglichkeiten, das wieder zu reparieren.

2. Wenn du es noch während des Häkelns bemerkst und es noch nicht so viele Reihen sind, kannst du die schrägen Reihen wieder auftrennen. Dazu nimmst du die Nadel heraus und ziehst langsam am Faden: Masche für Masche löst sich auf. Wenn du das schräge Stück aufgetrennt hast, häkelst du die Reihen neu.

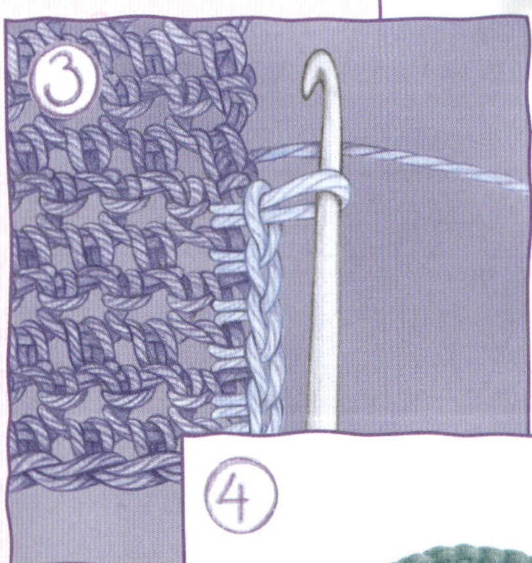

3. Wenn es dir aber erst auffällt, nachdem du schon ein großes Teil fertig hast, kannst du dein ganzes Häkelstück auch mit Kettmaschen umhäkeln. Die ungleichmäßigen Kanten fallen dann nicht mehr so sehr auf.

4. Du hast in Runden gehäkelt und der Kreis liegt nicht richtig flach, sondern wölbt sich? Dann hast du in einer oder in mehreren Runden zu wenig oder zu viele Zunahmen gehäkelt. Wenn er sich nur ganz leicht wölbt, reicht es, wenn du in der nächsten Runde die vergessenen Zunahmen nachholst bzw. entsprechend weniger Maschen zunimmst. Wölbt sich dein Kreis aber sehr stark, ist es leider am besten, ein paar Runden aufzutrennen.

Was du beachten musst!

Hier kommen noch einige Tricks und Tipps, die dir helfen, Fehler zu vermeiden. Mit ein bisschen Übung hast du den Dreh bestimmt schnell raus.

Tipps zum Häkeln

Bevor du mit dem Häkeln loslegst, solltest du schon auf Folgendes achten:

1. Such dir ein Garn aus, das fest verdreht ist. Das Garn besteht immer aus mehreren dünnen Fäden, die miteinander verzwirnt wurden. Wenn diese nur sehr locker gedreht sind, kann es sein, dass du mit der Häkelnadelspitze nicht immer alle Fäden erwischst. Dann spaltet sich das Garn und es entsteht immer wieder unschönes „Gehedder“. Das passiert dir nicht, wenn du ein schön fest verdrehtes Garn nimmst.

2. Es ist auch ganz wichtig, dass deine Häkelnadel zu deinem Häkelgarn passt. Meistens steht auf der Banderole neben dem Nadelsymbol ein Vorschlag für die Nadelstärke. Wenn deine Häkelnadel viel zu dick ist, dann werden die Maschen zu groß und unregelmäßig, wie du auf dem Bild sehen kannst.

Wenn du eine zu dünne Nadel nimmst, werden die Maschen zu eng oder du stichst mit der dünnen Nadelspitze versehentlich durch das Garn.

Hast du jedoch die passende Nadel und das richtige Garn, werden deine Maschen schon bald gleichmäßig und schön aussehen.

3. Beim Häkeln der festen Maschen, gibt es eine ganz wichtige Grundregel. Denk immer an die Wendeluftmasche! Jedes Mal, wenn du eine Reihe beendet hast, wendest du deine Häkelei. Und bevor du jetzt mit der nächsten Reihe weitermachst, häkelst du eine einfache Luftmasche. Damit man diese in der Anleitung von den „normalen“ Luftmaschen unterscheiden kann, heißt sie Wendeluftmasche.

4. Wenn du ein Teil fertig gehäkelt hast, steht in der Anleitung „beende das Häkelstück“ oder „zieh den Faden durch die letzte Schlinge“. Dazu schneidest du den Faden ab und vergrößerst die Schlinge auf der Nadel, bis das Fadenende herausrutscht.

5. Dann ziehst du am Fadenende, sodass sich die Schlinge festzieht. Der Endfaden wird später vernäht oder zum Zusammennähen zweier Teile verwendet.

Beim Sticken

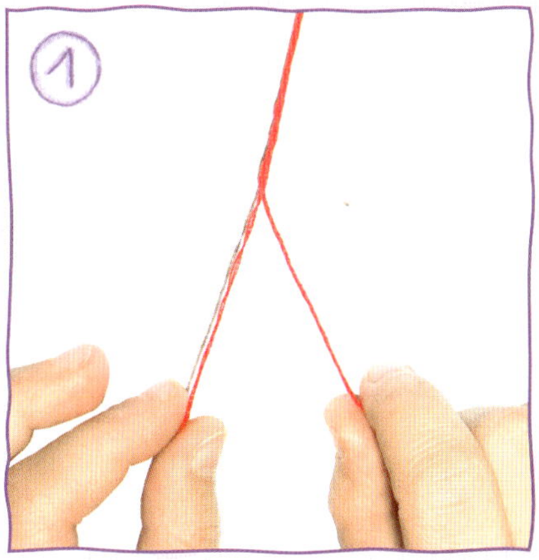

1. Bei vielen Modellen werden Verzierungen aufgestickt. Das Stickgarn (auch Sticktwist genannt) besteht aus sechs Fäden. Meistens wird das Stickgarn geteilt, bevor man es zum Sticken verwendet. Schneide dazu erst ein Stück ab und zieh es dann vorsichtig auseinander, bis du 2 oder 3 gleichlange Stücke aus jeweils 3 oder 2 dünnen Fäden hast.

2. Bevor du losstickst, muss dein Stickfaden „gesichert" werden, damit er nicht durchrutscht oder sich das Gestickte später nicht wieder auflöst. Am einfachsten ist es, wenn du einen Knoten in das Fadenende bindest, nachdem du den Faden einmal auf der Rückseite durch dein Häkelstück gezogen hast.

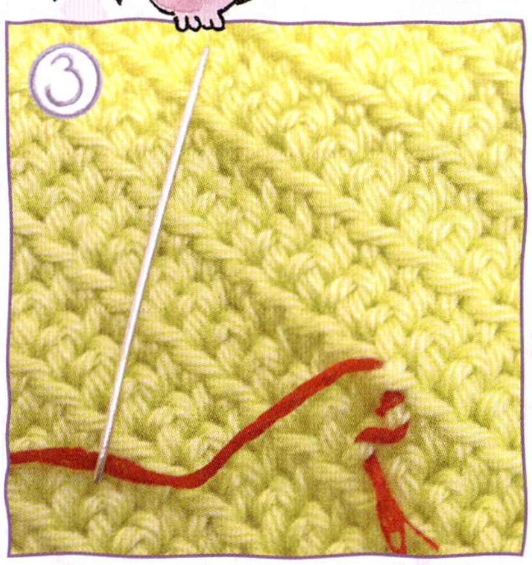

3. Du kannst die Fäden aber auch vernähen. Näh dazu einige Stiche vor und zurück. Pass auf, dass diese Stiche nicht auf der Vorderseite zu sehen sind, stich also nicht zu tief ein.

Impressum

Autorin: Ute Staudacher
Lektorat: Beate Schmitz
Redaktion: Angelika Klein
Fotos: Uli Glasemann
Styling: Elke Reith
Characterdesign: Corina Beurenmeister
Technische Zeichnungen: Annette Gack
Umschlaggestaltung: Yvonne Rangnitt-Voigt, Bremen
Layout: GrafikwerkFreiburg
Produktion: Meyle + Müller, Pforzheim
Druck und Verarbeitung:
Gruppo Editoriale Zanardi SRL, Italy

ISBN 978-3-8388-3171-4
Art.-Nr. 3171

6. Auflage 2014

Hersteller

Garne
Coats GmbH, Kenzingen (D),
www.coatsgmbh.de
Junghans Wollversand GmbH & Co. KG,
Aachen, www.junghans-wolle.de
Lana Grossa GmbH, Gaimersheim,
www.lanagrossa.de
Lang Yarns, Korschenbroich,
www.langyarns.ch
ONline Klaus Koch GmbH, Stadtallendorf,
www.online-garne.de
Schoeller + Stahl, Süssen,
www.schoeller-und-stahl.de

Nadeln
Prym Consumer GmbH, Stollberg,
www.prym-consumer.de
Addi Gustav Selter GmbH
www.addinadeln.de

Knöpfe, Perlen und Bastelzubehör
Rayher Hobby GmbH, Laupheim
www.rayher-hobby.de
Gütermann creative – KnorrPrandell GmbH, Lichtenfels
www.guetermann.com

Autorin und Verlag haben die größtmögliche Sorgfalt walten lassen, um sicherzustellen, dass alle Angaben und Anleitungen korrekt sind, können jedoch im Falle unrichtiger Angaben keinerlei Haftung für eventuelle Folgen, direkte oder indirekte, übernehmen. Die gezeigten Materialien sind zeitlich unverbindlich. Der Verlag übernimmt für Verfügbarkeit und Lieferbarkeit keine Gewähr und keine Haftung.

Farbe und Helligkeit der in diesem Buch gezeigten Garne, Materialien und Modelle können von den jeweiligen Originalen abweichen. Die bildliche Darstellung ist unverbindlich. Der Verlag übernimmt keine Gewähr und keine Haftung.